十八小時環遊世界

李雅言 著

中文大學出版社

《十八小時環遊世界》
李雅言　著

© 香港中文大學 2018

本書版權為香港中文大學所有。
除獲香港中文大學書面允許外，
不得在任何地區，以任何方式，任何文字翻印、仿製或
轉載本書文字或圖表。

所有照片（除已列明）均由作者拍攝。

國際統一書號 (ISBN)：978-988-237-073-9

出版：中文大學出版社
　　　香港 新界 沙田・香港中文大學
　　　傳真：+852 2603 7355
　　　電郵：cup@cuhk.edu.hk
　　　網址：www.chineseupress.com

Around the World in Eighteen Hours (in Chinese)
By N. Y. Louis Lee

© The Chinese University of Hong Kong 2018
All Rights Reserved.

Unless otherwise credited, all photos were taken by the author.

ISBN: 978-988-237-073-9

Published by The Chinese University Press
　　　　　　 The Chinese University of Hong Kong
　　　　　　 Sha Tin, N.T., Hong Kong
　　　　　　 Fax: +852 2603 7355
　　　　　　 Email: cup@cuhk.edu.hk
　　　　　　 Website: www.chineseupress.com

Printed in Hong Kong

給　宇嫣、宇妍

目錄

給年輕讀者的話

年輕的朋友：

你好！

先要告訴你，做人可不要那麼貪心嘛，十八小時想環遊世界？

說十八個小時，當然是半說笑。曾經有一段時間，我特別感覺到自己對中國的歷史文化認識不夠深，想花一年時間在不同的中華文化地區居住，邊旅遊邊看書。怎料跟一位研究國學的朋友提起，他立即的反應是：中華文化這麼深厚，怎麼能在一年半載學懂呢？我研究了半世紀，現在知道的可還是皮毛而已！中華文化如是，其他國家文化亦當然如是：旅遊越多，越會感受到自己的渺小，但亦越會體會到世界的色彩繽紛。那麼，如果一年時間也不夠認識自己的文化，十八小時又如何足夠你環遊世界呢？

可是現在世界卻變得越來越小；世界不同的東西也跟我們日常生活越來越息息相關。影響我們日常生活的意念與用品，越來越多從外地來（而我們的好意念與用品，影響外國人日常生活的機會也越來越大！）；我們對世界都需要有一些基

礎的認識，因為不同的文化也有很多的共通點，就是人類面對的生活挑戰。(意念和貨物得以到處流通，亦是因為這些共通點！)此外，你在學校學習的學科，也是人類——世界各地不同文化民族的人類——於悠長的歷史上面對生活各種挑戰和難題的解決成果和反思。所以這本書所涉獵的議題，包括着不同的學科：除了歷史、地理、文學、表演藝術之外，還有人類學、社會學、社區設計、建築、文化管理、烹飪等凡此種種。你又會慢慢發現，很多的學科都相通。這本書所說的，並不定最深入最專業(你對個別題目有興趣的話，應該找找專書作考證！)；它只希望你有系統地探究新事物。任何事物都有其因由；想了解世界，一定要百無禁忌地去問：哪怕是日常生活最微細的事物，都可以教曉你不少重要的東西。

這一本書總共有十八章；每一章都會為你介紹一些有趣的議題，會跟你分享一些我到世界各地跑的所見所聞，也會給你一些挑戰。說十八小時環遊世界，只是希望你花最少一個小時去閱讀每一章，有興趣的話再好好完成每章的活動！**我並不希望你把這本書一口氣讀完，就像我不希望你在外遊時一口氣花十八小時跑完該地的所有景點走馬看花一樣！有意思**

的東西要慢慢去想、反覆去想，你才會有所收穫。對於一個真正好學的學生(事實上，世界上最頂尖的學者都自視為學生而不是學者：所謂「學無止境」，千真萬確)，很多問題都沒有最正確的答案。説不定你去想去玩的過程中，會產生出更加有趣有意思的概念，可以跟你身邊的朋友和未來的讀者分享！

我小時候，交通並不是像現在般發達，旅行跟現在相比所費也多得很：關於其他地方的東西，大多是從書本上學的。古語有云：「讀萬卷書不如行萬里路」，説話大概只對了一半。沒有作任何預備便去旅行，豈不是浪費時間和金錢，不如不去！(當然，如果你的目的是躲在海邊的度假屋休息，時而游泳、時而晒太陽，或者是集集圖拍拍照，那則另當別論。)本書的活動，不是足不出門的活動，就是不需要離開自己居住的城市的活動。看過這本書，你會驚訝：原來可以作有深度的紙上談兵！

預備好出發了沒有？

給家長的話

現在「文化交流」這概念已經被濫用得驚人。但如果「交流」之前並沒有好好準備、交流時又走馬看花，那麼孩子一定不會有甚麼得着，倒不如不去！「文化交流」總應該比普通的觀光旅行來得有教育意義。再者，這些交流所費不菲，作為家長，對其教育成效有所期望屬理所當然。教育開支，有需要的便應去花，但如果也有方法在家與孩子「遊世界」而獲得教育成效，豈不是更好？

我年少時一定沒有現在的孩子那麼多機會出國作「文化交流」，但我相信自己小時候對外國地方的了解，不會比現在很多已經出國數次的孩子為淺。**我對外國的理解，來自對不同事物的好奇。**我小時學拉小提琴，由此熱愛西方古典音樂，而因為很多偉大作曲家都用德文記錄演出指示和用德文為作品命名，故中學時主動找機會學德文。但語言跟文化的關係不可分割，所以學德文後又漸漸對德國歷史文化產生興趣；反過來，對德國文化認識越深，拉琴也越來越像樣。好的提琴老師，傳授給你的不只是拉琴技巧，還有提琴音樂的文化背景，包括音樂跟語言的關係。我有一次在德國深造德文一個月，回港之後立即跟一位德高望重的小提琴老師合奏。他幾乎立即說我的音樂表達比以前自然得多了；是語境弄走了從前的「廣東腔」！

正如烹飪一樣，一名外國人即使掌握了煮中餐的種種技術，如果不了解飲食在中國文化、中國社會的意義，沒有深入中國文化、了解中國人的口味，又如何能煮得好飯餸出來？例如中華飲食文化講求「不時不食」這概念，而這概念又跟中國農曆的二十四節氣息息相關；只知道「明前龍井」是較好的龍井茶，卻不知道它好在哪裏，就是「囫圇吞茶」；只知道廣東人冬天才吃蛇羹，卻不知道中國人的養生之道，亦是只知標不知本。

既説「不時不食」，這當然並非中國文化獨有的概念；日本的懷石料理便是由大廚挑選和安排最新鮮和「當造」的食材來燒菜、顧客將點菜的決定都交託給師傅。西班牙中部有一個名城叫雅蘭胡斯 (Aranjuez)，該城聞名的其中一個原因是她盛產士多啤梨。當地夏天的一道特色菜是非常消暑的士多啤梨凍湯 (一般認為生果不會隨便做湯吧！)，但不是夏天找不到。由此又見得，世界不同地方的生活習慣，有同也有異。**居住於不同地方的人，很多時候會面對類似的問題和挑戰；他們的解決辦法，有表面的差異、也有內在的差異；有表面的相同，也在內在的相同。**

研究不同文化的同和異，除了新鮮刺激之外，更能加深我們對問題的了解。有一次我跟臺灣的一群高中學生討論食物浪費這議題，學生們很踴躍提出了不同建議。他們很快便上網蒐集資料，參考世界各地不同地方如何運用廚餘和剩菜：例如法國一百年前的上流社會會把剩菜施予家僕果腹，而近年日本有些城市則在公共地方設置剩菜收集處，市民可放置剩菜供有需要人士食用。他們熱心地質疑，既然別的地方的廚餘處理方法那麼成功，為何臺灣不去仿傚？我回答，我們看到其他地方的「妙東西」，常常會很興奮，希望自己地方也有。但有時自己地方沒有那些東西，並不一定表示當地人從沒想過，也可能是因為引進後會「水土不服」、弄巧反拙啊！譬如法國和日本氣溫一般比臺灣低，剩菜沒那麼快會變壞。當然，這一點只是個例子，亦並非沒有應對的方法；我旨在鼓勵學生多想想。投訴和不滿可以是改進社會的動力，鼓勵我們去想方法、尋出路來造福社會；而投訴和不滿的來源則是觀察和好奇。只投訴而不想方法去改進，不好；對事不觀察不好奇、墨守成規，也不好。所以本書的目的是引導學生觀察和了解世界各地的事和物，誘發他們的好奇心，除了對事物多加留意之外，更細心作進一步的探索與思考。

這並不是甚麼課本或天書，讀完之後讀者便「畢業」，成為高明的遊學者。同樣道理，我所挑選的議題和設計的活動，亦談不上算最基礎：世界這麼廣闊，人類文化那麼豐富，怎可以十八小時說得完！有些問題和議題，你和你的孩子可能已經想過和接觸過；很多資訊都可以在互聯網上找到。我在這本小書中提及的事物，也許大部分都只需按數下電腦滑鼠鍵便可找到相關資料。這並不要緊：**本書的重點並非在於教授孩子既定內容，而是教授孩子觀察和探究思考的模式和態度。資訊越容易獲得，便越容易墮入懶於思考、甚至不再懂得思考的危險。**好奇的孩子，你跟他說他已經懂的東西，他的腦袋很快便會跳去探索相關的議題事物。當然，你也可以幫助筆者一起去鼓勵孩子思考，引導孩子探索本書的議題：你比我遠為熟悉孩子的興趣、習慣和生活環境，能夠從孩子的已有知識出發去引導他們聯想和思考。

現代的教育，好像越來越講求「目標為本」：但目標大多是死的框框，而框框的本質就是把東西分成內與外、「屬於」和「不屬於」。要學甲要學乙，是因為要達到這而不是那：學校裏的學科就是這樣劃分出來的。於是慢慢被忽略的就是一種「通才」與「通達」、一種所謂「跨學科」的靈活思考。「跨學科」這形容詞越來越流行，證明了它越來越重要，但要教「跨學

科」思維談何容易！叫學生「跨學科一點」，差不多跟叫學生「聰明一點！」一樣，根本沒有引導學生去找方法。

然而框不住的「通才」也可以教，只是老師不是你！說到底，「通才」在於以新鮮而有深度的視角去探討問題、從問題的根本去思考問題，而不是去道出之前背下來的標準答案。**孩子們在適當的條件下，是自己最好的老師，因為他們思考問題都是憑簡單真誠的直覺。**孩子長大後會在不同的學科中學到，直覺可以令人碰壁（而學科的建立，便是讓後人解決相似的問題時拐少些彎路），但直覺也往往是最好的解決問題方法的泉源，小時沒好好培養的話，便「老大徒傷悲」了！所以適當的條件十分簡單，就是為孩子好奇好玩好觀察的天性提供材料，讓他們多探索，且是時刻思考着的探索。

本書的內容，一定涵括了很多不同學科：旅遊、交通、國際商業、音樂、工程、經濟、建築……等等等等。書中提及的專題，大多都有專業研究，對問題的分析一定深刻得多。但千萬不要以為這本書是一本炒雜碎式的「通識書」或不同學科的簡介（它會是一本不盡準確的學科簡介！），本書的目的是教孩子多看多想，並建立起對知識與文化的尊重。我希望它能做到這兩點！

給老師的話

洪堡特（Alexander von Humboldt）這位德國科學家和探險家，相傳曾留下一句名言：沒見過世界的人，其世界觀至為危險。

「見過世界」是甚麼意思？相信我跟你也沒可能比得上洪堡特般「見過世界」：為了探索大自然，洪氏踏遍拉丁美洲，其探索、發現和理論對大自然科學發展影響深遠，以他命名的，隨便數數便有大學、地名、物種、小行星和寒流等。洪堡特的「世界」，不只是「世界各地」的「世界」，還是「天下知識領域」的「世界」。但我相信「見過世界」的意思，並不指遊遍世界各地、甚至也不指對不同學科都有一定認識。「見過世界」指的是知道天下之大、知識之浩瀚，故而虛心對天下大小事物多加觀察、細心探索與縝密思考。再說簡單點，就是多看、多玩、多想。

多看、多玩、多想很難嗎？其實不難。本書雖以「環遊世界」為題，但目的卻是鼓勵讀者多看、多玩、多想。不知它對你有甚麼啟發？

0100

回家去

怎麼了？
還沒有離家，便回家去？

沒錯。

我們了解新事物，都以既有知識為基礎。

就以我長大的城市香港為例：香港人住的是高樓大廈；乘坐的公共交通工具有巴士、地下鐵、輕鐵、電車等；吃的除了廣東菜之外，還有中國和世界不少地方的菜式，有正宗的，也有為了迎合本地口味而演變過的；我們穿的，不論是上班服、便服或運動服，絕大部分都是西式的。你有沒有想過，住在世界其他地方的人，生活模式跟我們的不一樣？（我想你一定有：從小你便在書本、電影、圖像等看過學過，來自不同文化的人，生活模式如何跟我們的不一樣。）你又有沒有想過，住在世界其他地方的人，生活模式為何跟我們的不一樣？（我想你也許有：是氣候嗎？是傳統與習慣嗎？是歷史背景嗎？……老師這樣說的。）你還有沒有想過，住在世界其他地方的人，如何看自己的生活模式，會如何保存和改變他們的生活模式，而有甚麼因素會影響他們的看法？其他的文化，有甚麼值得我們學習的？而我們的文化，又有甚麼值得他人學習的？我們的生活模式又源自何方？我們如何運

用創意去改良自己的文化？（一例：為何大劇院和地庫停車場就不可以改建為書店、火車站不可以改建成音樂廳？）

我們的所見所聞、所思所想、學的記的，都是我們日常思考和處事的基礎。說個最簡單的例子：或者跟你一樣，我的母語是廣東話，我外出時如果能說當地語言的話，當然會用當地語言跟當地人溝通。然而，需要作突然反應時，有時候還會不自覺地說廣東話（「吓？呢個咩嚟㗎？」，即「咦？這是甚麼？」）。又例如我念高中時在加拿大跟一群歐洲同學行山，半途要小解，便問附近有否洗手間。同行的一名來自挪威一條鄉村的女同學便立即笑我，「這兒是大自然啊，有甚麼上洗手間這回事的？」並着我找個隱蔽些的地方自行解決。

複雜一點說，我們的文化，影響到我們的所見所聞，無形地塑造了我們的生活模式。但正正因為我們身處我們的文化，我們的生活模式亦自然是我們的「慣常生活模式」；慣常的東西來得自然，我們一般不會去想它。可是，我們習以為常的東西，都是我們接觸和衡量新事物的標準。把我們的標準視為唯一或世界標準，便非常危險和不公平了。文化所影響的

改建成書店的大劇院和地庫停車場及改建成音樂廳的火車站，分別在阿根廷首都布宜諾斯艾利斯、中國南京和巴西第二大城市聖保羅。

阿根廷首都布宜洛斯艾
利斯的El Ateneo書店，
建築物前身是一所大劇
院。

由火車站改建而成的音
樂廳——Sala São Paulo，
位於巴西聖保羅市。

並不限於日常生活的細節，還包括我們的抽象知識和思想感情。我有一次到中亞國家烏茲別克旅遊，跟念歷史出身的年輕導遊談得十分投契，很快便成了好朋友。當他為我介紹古絲綢之路的一個古跡時，我說笑地跟他說：「老友，坦白告訴你，在中國歷史中，你們是野蠻人呢！」他毫不客氣地跟我「回禮」，說不要緊，他們也是這樣看中國人呢！

很多時候我們覺得外國的東西太新奇、太吸引了，令我們覺得自己的東西不如人。到了另外一些國度，我們則會抱怨那兒竟然可以那麼「老土」、那麼落後、那麼凌亂。但所有的事物都有其原因，亦都是相對的！你覺得別人亂，是因為你習慣了整齊；你覺得別人整齊，則是因為你習慣了凌亂。凌亂的背後，也有其秩序：就像你習慣了自己亂七八糟的書房，可是怎樣亂也罷，你總有方法很快地從書堆文件堆中找到自己想要的東西；書房弄整齊了，反而找甚麼也不方便。但當然這種多元的文化相對論——即所有文化的生活習慣都有其內在的生存秩序和價值——並不代表自己或其他文化的生活習慣，並沒有改變和改進的空間，或有着等同的改變和改進空間。一個真正好學的人，有着寬闊的世界觀，知彼之時又知己。

那如何「知己」、多了解自己的文化呢？首先是要不時把自己抽離於自己習慣的生活、習慣的文化，盡量用客觀的角度去觀察和分析日常生活的種種。例如「衣、食、住、行」是中國人常言的四項生活基礎；我開首舉的例子便是從這四點着手（只是次序不同！）。

每人的興趣都不同：有些人喜歡汽車，有些人喜歡音樂，有些人則喜歡建築。這一本書並沒意思把你旅遊時會碰到、覺得有意思的所有東西都概括介紹（沒有任何搜索器和百科全書能做到此點！），你也不要介意自己不是對所有議題都感興趣。但好學的學生——我也是成人學生啊！——很多時候都會在長大之後「再訪」從前接觸過、但不感興趣的東西，從中找到無窮的新趣味。坦白的說，我年少時對歷史和地理沒多大興趣，但現在便深深明白到，通曉這兩方面的話，旅遊時學到的東西會倍增！所以你現在先接觸一下我為你挑選的議題，也總會有點意思的。

好，不說太多了，現在我們便在家裏走個圈。花二十分鐘去完成下面這個活動吧。

蘋果電腦的創始人喬布斯（Steve Jobs），年青時對藝術很感興趣，也曾拋開過「正規上學」的枷鎖，跑到印度生活一段日子去學習禪修。據他傳記所述，這些早期經歷都對他之後設計的蘋果電腦有着莫大的影響——蘋果研發推出的雖然都是科技產品，但它們都卻有着簡潔的設計，其美觀實用是它們成功的一大原因。你年少時接觸過的東西，不知甚麼時候會應用得到，但當機會和靈感來到時，用處會有多大！

活動一 反思自己生活的種種

在此要說明一下「拿白紙一張出來」的思考方法。我們自小學習的模式，大都是靠背誦和問答這兩個規範和「機械」的方式。但我們要活得有意思的話，便需要學習如何尋找新問題、用新視角去分析和解答。創意好像天馬行空，其實不然：創意往往是既有知識的重新組織。拿白紙一張出來思考，目的便正正是拋開既有的思考框框，從零開始，通過以既有知識為基礎的聯想，以及對事物的細心觀察，來好好思考問題。當然你不一定要用「傳統」的紙和筆；你的「紙筆」也可以是一臺平面電腦和一支電子筆，但我覺得作為記錄工具，「傳統紙筆」彈性最大、給你的想像空間亦最廣。

你又或者問，既然是運用腦裏面的知識去想，何不簡簡單單只在腦裏思考聯想便成？回答最少有二：以紙筆作記錄，會令你的思考更集中，而作記錄亦是一個「提煉」你思考的精華的一個過程！但也不要忘記，紙筆也罷、智能手機和平面電腦也罷，它們都只是工具，各有特長，例如乘車時在筆記本或智能手機上作記錄或許會比用白紙方便。摸索出最有利於自己思考的方法，正是學習的極重要一環！

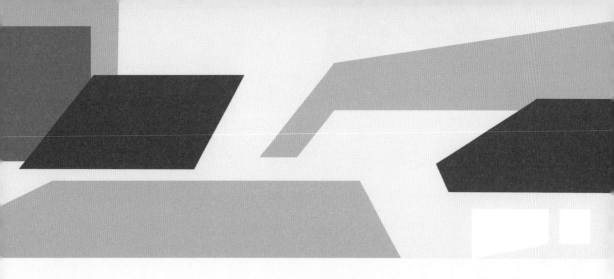

1 步驟

關掉你的手機,放鬆自己、心無雜念。但可別超時!

拿一張白紙、一支筆出來,並擱它們在一旁。先好好想一想你家庭的日常生活,再執筆作描述,寫甚麼隨你自己決定。例如你想寫衣食住行的話,便可想想你和家人每天花多少時間於交通工具上、你們平均多少天才會洗衣服、你們在家還是出外吃飯較多,吃的又主要是甚麼菜色、你們是不是常常為居所面積太小而煩惱?又或者你們上次添置家庭電器是何時?你們訂閱報章雜誌嗎?獲取新聞消息的主要渠道是甚麼?你可以先在家中隨便走走作觀察、構思好描寫方向才下筆,邊看邊想邊記錄也可以。

2 步驟

寫好了嗎?你寫的內容,是對你來說最切身的、最影響你日常生活的、或者是最感興趣的東西,不然你不會那麼容易地聯想到觀察到。但別人對自己家庭生活的描述,如何跟你的不一樣?為甚麼會不一樣?是接觸的東西、居住的環境不一樣,是他們覺得重要的東西,跟你覺得的不一樣,還是甚麼其他的?你現在也可以再看看本書的目錄:你的描述裏,有沒有提及一些目錄上沒有的議題?你想過之後,我們可以出門了。

活動二 落街逛逛

叫你在家裏走走，目的明顯是希望你能學習及培養幾種好習慣：對事物多觀察、多反思。「回家走走看」不只限於家本身；當然還有我們身處的社會、我們自己所居的城市或地方。

家附近又有甚麼好看的？**對於一位愛思考的學生來說，沒有一分鐘是白活的。**即使你在閒着等人，也很值得放眼四方作觀察，哪怕都是你熟悉的地方：就算是家附近、到過千百次的地鐵站吧，你有否想過出口為何這樣設計（所以等人時往往會被人推撞）？出口為何會寫着一些資訊而不寫另外的資訊（如常常看到首尾班車出發的時間，但班次和時間表卻不常常找到）？行人為何都喜歡聚在某一旁等？

我們值得找時間專門去逛逛家附近。怎樣逛？隨便逛有隨便逛的價值，有目標地逛則有有目標地逛的價值。先說隨便逛：隨便逛常常會令你發現很多自己之前見也未見過、想也未想過的東西啊！世界不斷在改變，所以一定不愁沒有新東西去看去玩味。（隨便逛也跟閱讀經典名著一樣，每一次看都會有新的領略、新的啟發、新的味道。）既然公共交通一般都十分相宜，那不如就隨便搭乘交通工具作觀察吧！我念中學時，香港的會考公開試早於五月便完了。考完試後閒來沒事做，我「復元」的方法竟是胡亂乘巴士到處走，碰到甚麼號線都跳上車（香港的巴士車費還是便宜的！），坐在上層的一角，觀察沿路的景、地、人、物。為何巴士駛到某一區時特別慢？為何上車的乘客特別沒有耐性？為何店鋪的裝修、設計和顧客會跟家附近同一種類的店鋪這般不同？為何有一些巴士路線特別迂迴曲折？為何在一些區域，沿途車輛的司機特別不遵守交通規則？為何搭乘某一些市區路線時，沿途都看不到一個公廁；搭乘另外一些路線時，卻四處都見到公廁？這些都是隨便逛的時候可以想到的問題。當然，你在逛的時候，可別忘了帶本筆記簿，把有意思的東西都記錄下來，有興趣的話之後再好好跟進研究一番。（筆記簿也可以是你的智能手機：我便習慣了不害羞，在街上哪怕是與友人同行，見到有意思的東西都立時拿部手機出來寫筆記和拍照！）

有組織、有目標地逛，當然又是另一樣玩意。我們也可來個例子：找一個你從未去過的區域，並花半天時間探索它。地區越陌生、越沒吸引力便越有意思！好好想一想，這個地方跟你自己家的地區有甚麼不同？為何在同一城市或地區，物價會有這般顯著的差異？它的發展較早，還是你家地區發展較早？兩者的發展有甚麼分別？你可能留意到，同樣一瓶礦泉水，在高級商場內的一間連鎖超級市場分店，要給同一連鎖超市在一般區域開的分店要貴得多，一大原因是高級商場昂貴的鋪租要轉嫁消費者。但你有沒有見過一些商品，在較富裕的地區，價格反而更低？我立即想到我兒時看過的一則笑話：一天英王喬治三世到鄉下去，在一小旅館吃午飯。他不太肚餓，所以只吃了兩隻烚蛋。吃畢結賬，詫異兩隻雞蛋竟要兩英鎊，便說「雞蛋在這兒一定很稀有」。殊不知店主回答：「不，陛下，雞蛋並不稀有，只是國王稀有。」你看，**人類行為是多麼的複雜豐富，要理解的話，細心的觀察一定是開端，而觀察到的事物則會成為你思考的原材料。思考則會讓你以後能更有系統、有方法去作觀察，發掘出更有意思的新事物來！**

又假如你是一位演員，要扮演一位跟你同齡、卻住在這裏的青年，要代入他的生活，你可否在這兒到處走走，找線索幫助你了解他的生活？又或者你立志成為一位負責任、希望為這區人民服務的議員、官員或社工，你會去留意甚麼東西？就出去走一走吧！訓練好善於觀察的眼光之後，你出外旅遊學習時便會事半功倍了！

這個「見面」的第一小時快完了；最後談談上述活動中，有甚麼觀察最有意思。

當然是你最震驚、最覺得可笑、滑稽、最落後或最先進的東西，或是自己地方沒有的！每樣東西都有其因由。有一些事物會令你哭笑不得。一例：我曾在臺北一所著名火鍋餐廳的餐牌上，驚見rectum這英文字；這字雖然意思是直腸，但是可以說是一個醫學名詞，操英語者在餐牌上不會用的，因為普遍的聯想是毗鄰的肛門！你說對不懂雙語、只懂英語的人來說倒不倒胃！（你猜猜餐廳想指的是甚麼？）水準差的外文翻譯，在很多地方——並不只是華文地區！——也可以見到。為何不好好翻譯呢？答案可以很多：辦餐廳的人英文水平不是很高，本來的翻譯是靠字典或互聯網的翻譯器；既然顧客對象絕大部分是本地人，外國人也主要是不會回頭幫襯的遊客，且一般都不會對吃內臟感興趣，再加上重印餐牌的成本甚高，得過且過便算了。（當然還可以是從來沒有外國人不怕羞，向餐廳反映意見！）古靈精怪東西的背後解釋，有時並非數分鐘可以找得到的，有時也無必要去找（正如上述例子），但卻不時會教曉你很多新東西：例如為何在一些地方，巴士還有售票員？乘搭巴士「上車投幣」，並不是最方便最先進的營運方法嗎？巴士公司何需多花人工另聘售票員？原來在某些情況下，不「上車投幣」可能反而是最有效率、最省錢的營運方法！

當然是豬大腸，並洗得乾乾淨淨的。在臺灣海峽的彼岸，更有如"Carefully Slide"（即小心地滑行）為「小心地滑」的英文翻譯的滑稽例子。有洋人將這般錯誤翻譯結集成書。見：O. L. Radtke 的 *Chinglish: Found in Translation* (Layton, UT: Gibbs M. Smith, 2007) 和 *More Chinglish: Speaking in Tongues* (Layton, UT: Gibbs M. Smith, 2009)。語言和翻譯之奧妙，我們到第四小時再詳談。

做個小偵探

觀物後觀人

上一個小時請你在家觀察事物，現在則帶你去觀察人物。

你可以立即問，知道一個人來自哪兒，有甚麼意思？意思其
實很簡單：我們的思想與行為，都受我們的成長環境所影
響。哪怕我們如何掩飾，很少的事情便可把我們的背景「出
賣」！我在美國讀博士時，有一次生病求醫，大學診所的護
士帶我進醫療室預備為我探熱；我一進去，見到裏面有一張
床，便二話不說地躺上去。友善的護士便立即對我笑着說，
一看便知你是亞洲長大的，亞洲的孩子見到病床便會立即躺
上去、預備身體檢查。(我在海外留學多年，英文口音少有
港腔，故此常被人誤會為在外國長大。)

所以我們可以通過觀察外國人(以至跟你生活條件很不樣
的人,如城市人之於鄉村人,和鄉村人之於城市人)的行為
習慣,了解他們的國家與地方。為何有些外國人傾向早到?
可能因為在他們家鄉,交通班次遠較疏落,不準時乘車,錯
過了一班車便一定遲大到。一生習慣早到,想遲也遲不了。
(他們除了早到之外,出門前還小心翼翼研究列車班次和路
線。)美國的遊客,很多會在餐廳結賬時留下不少的小費,
原因是在美國上餐廳付賬目百分之十五的小費才只是標準,
出了國也許「不知情」;甚至「知情」的也可能覺得小費所費
不多,用自己習慣了的標準,對服務態度令他們滿意的侍應
慷慨一點也沒所謂!我1999年第一次到英國首都倫敦,到
了希斯路機場,竟然看見一群非洲人用洗手間內的洗臉盆洗
腳。這種行為在歐洲一般不為人所接受,但如果我們嘗試以
開放的心態去理解他們為何這樣做,也許便會明白他們的行
為並非一定出於故意的無禮或不尊重,而是他們可能不知
道,歐洲文化中洗手盆的水源只作洗手洗臉用;他們在家運
用水源要隨意得多了。

活動一 當間諜

於我長大的地方香港，汽車的司機位都在右邊，而乘客都在左邊上車下車，因為行人路都靠那邊；我從小便習慣了乘車坐左邊，因為街景不為對面的行車線所隔。你要是跟蹤我一會兒，從我乘車的習慣加上我其他的行為——包括行事匆匆、走路飛快、說話時不時摻進外語詞彙——再加上你用心累積起來的知識，也大概可推敲到我的背景。

今天的活動，就是要你去一個你家附近的旅遊區去觀察外國遊客。你可以待在街角一會兒，靜靜地觀察不同遊客的一舉一動，也可以像上一小時所提議般隨便逛逛走走，多加留意旁人，總之觀察越精細越好。你可假想你是一個偵探或特務，要盡量搜集你目標人物的背景資料。（但大前提當然是，你一定不可滋擾你的研究對象。）他們的行為習慣如何跟你的不一樣？你找尋的線索可以十分廣闊：他們說甚麼語言？（說普通話的可以是中國大陸人、可以是臺灣人、也可以是新加坡人；你怎樣去區分呢？說西班牙文的白人可來自西班牙或者是南美洲；你又如何區分呢？）他們說話的方式如何？他們如何走路？如何排隊？如何乘車？他們如果是一家出遊的話，多不多相互溝

通?孩子聽不聽爸媽話?如何聽,如何不聽?他們守不守規矩?他們付款時傾向用甚麼方式?他們遇到陌生的事物,反應是快是慢,是緊張還是鎮定?還有其他值得留意的地方嗎?都仔細看看,也許會為你帶來很大的啟示!

在法國接壤德國邊境的城市史特拉斯堡(Strasbourg),過馬路特別守規矩的,都是德國遊客;即使整條馬路都不見車,他們也會待綠燈才過馬路。

例如美國人特別習慣使用信用卡,即使是付很少的銀碼也如是;相反,在不少國家——就讓你去找找吧!——即使用信用卡付款很方便,當地人也喜歡用現金。很多法國商店特別討厭接受歐元大鈔付款,德國人則大方沒問題。這些一切一切,背後都有其原因。

聰明的推敲

說到這兒，你也許又會想起十九世紀末了不起的英國小說家柯南道爾（Arthur Conan Doyle）筆下的神探福爾摩斯（Sherlock Holmes）。他跟夥伴華生醫生首次見面，便憑一句「我看得出，你到過阿富汗」嚇傻了華生。他瞬間即觀察到華生是位具軍人氣質的醫生。華生剛到過熱帶地區：他雖然面相黝黑，但這不是自然膚色，因為他手腕白淨；華生臉龐疲倦無力：證明受過了苦、為疾病折騰過；華生左臂還受了傷：不動，但擺放姿勢不自然。他立即便從這些觀察和小結論，推理出華生到過阿富汗，因為熱帶地區之中，能折騰一位英格蘭軍醫、令他的手臂受傷的，便只有阿富汗。以此為例，福爾摩斯何以能料事如神？就是因為他對不同行業的性質，和從事不同行業的人的行為表現（軍官與醫生）、對外在環境如何影響人的外貌（面色黝黑卻並不自然、疲倦無力），以及時事（英格蘭軍隊近期在阿富汗打過仗）的理解很深。然而社會不斷在演變；雖然有些推斷並不太因時移世易而改變（如到過熱帶地區的人，膚色便會較黑），但新事物不斷出現，往日的推斷可能不再準確。莫說如英格蘭軍隊現在在甚麼熱帶地區打仗，即使福爾摩斯翻生，也會被新穎的武器、新的犯罪模式和動機等嚇傻。福氏那麼注重做化學實驗、看各種與偵探行業有關的最新消息和資訊，目的就是要時時刻刻都掌握最新的知識；這樣才能令自己料事如神。

你看過多少本福爾摩斯偵探小說？有哪些推理過程令你印象特別深？

有經驗的旅行者，就如福爾摩斯一樣，是一條久經訓練的獵犬；有甚麼閱歷的甚麼人，會有機會在甚麼情況下作出甚麼事情來。周邊發生甚麼事、附近環境是安全還是危險等，瞬間便能判斷。此外，他們對新奇和有意思的事物都異常敏感；有甚麼特別有趣的人物事物，如不見經傳的傳統產業、不平凡的人物故事、新的設計意念等，都會立時留意、跟進和發掘。這本書的其中一個目的，當然是協助你提高自己的敏感度。但觀察過又怎樣？當然是去推敲背後的原因。每個人一方面都受到自己成長和居住環境影響，另一方面卻又有自己的性格特徵，所以你觀察推敲出來的結論並不一定百發百中（你總不能說所有的北歐人都鎮定和分析力強，地中海沿海的人都較熱情奔放和隨心）。觀察和推敲的過程有趣之餘也能訓練我們的思維，令我們變得聰明些。這般訓練也適用於各行各業。出色的作家如何能細緻地勾勒人物的種種面向？就是觀察；人像畫家也一樣。你將來如果經商的話，便會很快知道了解客人喜好和習慣的重要性。即使是做賊，也得善於觀言察色：十多年前，我跟一位很要好的意大利朋友在俄羅斯聖彼得堡遊玩；他就像在米蘭老家般漫不經心的把錢包放在後褲袋裏，在地鐵站上車時險些兒被小偷趁亂扒掉錢包！小偷就是像特務般，察覺到這位外國朋友並沒有甚麼警覺性，於是便設計去偷他的東西。

憑你於上一個活動中對外國人的觀察，你學到了該國的甚麼事物？

隨意的觀察和發現

我們日常的觀察和推敲，一般都有一定的隨意性。

萬事都有一定的脈絡和系統；本書以後的不少章節，便是引導你去發掘和理解這些知識結構。可是，保持隨意性也非常重要：最有意思的事物，往往是在最出其不意、本無目的的情況下發現的。（下次逛街，不妨隨意挑一個人去觀察，最好是你第一眼覺得沒有甚麼意思的平凡人。）觀察人是個積累的習慣；見得多，便像福爾摩斯一樣，不費吹灰之力便能得知一個人的背景、了解他的行為了。此外，現在再覆述上一小時的說話：聰明的孩子，腦袋沒一分鐘是空着的。即使沒有人物在你身旁可供觀察，腦裏也可以思考着關於人類行為表現的問題。當你在任何場合發悶的話，便不妨拿張白紙出來，隨便挑些議題，並聯想和寫下一些關於人類行為表現的問題，再想想其答案。我現在也拋磚引玉，向你提供一些！

為何（至少在歐洲）來自南方的人都那麼怕冷，冬天到了較北較寒冷的地方，穿衣服都要比常人穿得特別多，而且還不肯外出？

為何某少數民族的人都聚居於你的城市／區域／國家的某處？有沒有隨意的成分（即是碰巧最先的移民都聚居於那兒）？又有多少受政策、社會因素和他們的生活習慣有關？

為何你居住地的一些地方或設施，雖然人人都可以享用受惠，但來來去去都是某些族群到訪和享用為多？（我心目中的例子是，香港境內過半地方是郊區，而郊野公園面積大、行山設施也很好，但為甚麼行山人士中，外國人的比例是那麼的高，本地人卻是那麼少？又為何外國人比本地人對博物館更為重視？）

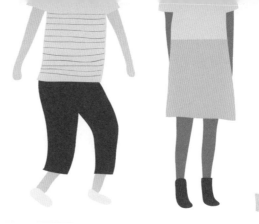

不懷惡意的小實驗

數年前的一天，我突然收到了一封電郵，來自我多年前為香港資優中學生設計的「心理學入門」的一名學生。她說她已經快大學畢業了，故希望在大學最後一個學期把握機會、多接觸其他學科，尤其是心理學，問我有何建議。我問她究竟修讀甚麼學科、以及住在哪兒。她說她念工商管理，並以酒店管理為專修科；家則住機場鐵路沿線的一站上蓋。（我心想，那太好了！）於是我跟她說，心理學的主旨是理解人類行為，並建議她回家時可不要那麼快便離開地鐵站。她要在地鐵站一角觀察十分鐘（之前並好好考慮站在哪兒觀察），研究一下乘客出入站的情況，再想想跟她專業學科的議題有甚麼關係。（我這個活動提議，跟我們這小時的活動類似嗎？）一週後，學生回來見我，說外籍旅客沒有她想像中的多（我便立即問她為甚，是因為區內酒店不多嗎、附近有赴機場交通工具的另外選擇嗎、還是有其他的原因？），而外籍顧客都不能立即找到售票機；需要往服務臺詢問的人數可不少。本地旅客則不費吹灰之力便知道如何入閘進入月臺範圍。 我回答她，既然你的專業是酒店管理，對設施使用安排也應好好留意研究一下：你有甚麼

聰明的你，可能也立即想到背後有兩個可能性；一是大部分本地旅客都不是首次搭乘機場鐵路，故熟悉如何購票；二則是這個城市有統一的公共交通工具付費系統，乘搭任何交通工具都可以用同一張卡付款。於香港，上述兩點都對。

方法可以解決你觀察到的問題？如果你要改善這個車站，令旅客乘車更為方便，你會做甚麼？今天晚上回去再觀察一下，並好好想想。隔了數天，學生又來找我，說一般乘客都從車站眾多入口中的其中一個進站，而乍一看，見到的並不是售票機，而是詢問臺。（怪不得！）她說，如果有一個大大的顯示牌在詢問臺之前，既指出售票機所在、也簡易列出於售票機購票的方法，那問題便解決了（也能顯著減輕詢問處職員的工作負擔）。最後，我給她一個小小的挑戰：既然你對研究人類行為那麼感興趣，也許你可以嘗試做一些無傷大雅、不會不合理地為別人帶來麻煩的小實驗，例如眼見列車快來時，向準備入閘、但看不到列車快來也聽不到列車到站廣播的人士輕喊列車快來了，看看他們理不理睬她，又或者站在不同的地方，向外籍乘客指出售票處在哪兒。

我為甚麼跟你說以上的小故事？就是要告訴你，好的觀察對應用學科的重要性，好的觀察如何協助你獲取在書本裏找不到的知識，和好的觀察所能延伸到的活動和思考的可能性。好學的人，無論落在地球的哪一角，都是好玩好動的，不論是動肢體還是動腦筋。好好去玩吧！

好學和有研究精神的學生，並不介意做些常人覺得荒謬的事情：創立物種起源理論的達爾文，有一次搜集甲蟲標本時，發覺他雙手都沒位抓值得研究的甲蟲了，於是便把新抓到的一隻往口裏送，以免失去那隻罕有品種的甲蟲！

0300 地理與資源

看看地圖

外國人有「一幅圖畫勝過千言萬語」的說法，意思是一幅圖畫能表達的內容，往往要用上千言萬語才能表達。此話是真是假，當然視乎內容而定：文字和圖像，根本是截然不同的表達方式。可是，如果你要認識一個新地方（甚至整個世界！），首先一定要研究它的地圖。近年有大量新穎的書籍，以地圖方式去介紹種種議題：隨便一數，便有葡萄酒地圖、美食地圖、文學地圖、音樂地圖，甚至題為《十二幅地圖中的世界史》的歷史書等。地圖書籍近年的普及，當然也跟圖像印刷成本降低和社會節奏越來越快、一般人對純文字閱讀的耐性和興趣好像越來越少有關，但這兩個因素都沒有說明地圖本身的優點。為何地圖這般吸引、有用呢？

我們外遊時當然會非常興奮，希望能盡快到達旅遊點遊玩，就算看地圖也只會快快找出目的地便算了，甚至地圖也不看，在街上找路牌，誤打誤撞也有其趣味和得著，但如果你要了解一個地方，明白它的成功和歷史背景，研究一下它的綜合地圖，而不是只顯示遊客區域的簡圖，還是必需的。

words"

答案簡單不過：人類自古以來的活動——哪怕是交通發達、只需半天便可到達地球另一端的今天——都必然受自身環境所限，而地圖可令讀者迅速了解一個地方或一個區域資源的分布，交待人類如何利用大自然的資源來生存及建立起不同的文化，不同族群之間如何交換、甚至爭奪不同的資源，文化之間又如何互相交流等。故地圖可把跟一個專題相關的資訊都顯示出來，為讀者呈示脈絡，不管是不同海鮮品種的分布，還是歷來文化重鎮的位置和貿易中心的遷徙。至於看一般地圖的方法，你也許在學校的地理課學過了，所以不如我們現在天馬行空式看看地圖：

活動一

天馬行空 看地圖

找三張地圖，最好一張城市地圖，一張省份地圖，一張國家地圖，地方對你越陌生越好，而地圖的地名最好是用該地域的語言標明的。你找來一幅俄羅斯地圖嗎？請確保地名都用俄文寫。

先好好觀察地圖上的地名有甚麼特別。有沒有意思特別明顯的地名？有相同的地名嗎？地名中有相同的字或字元嗎？為甚麼？地名跟地勢又有甚麼關係？有沒有一些地名，字母拼字和發音跟圖上其他的格格不入？真的沒有頭緒的話，則可看看該地的一張翻譯地圖。

有甚麼資訊在地圖上找得到？除了人口、地勢、主要道路和交通系統、重要建設、行政區域劃分之外，還有甚麼值得留意的？你能從地圖上的資訊推斷——記着，是推斷而不是尋找！——到甚麼？有甚麼不能推斷？從一張城市地圖，你能夠推斷到哪些區域比較富有、哪些比較貧窮嗎？最好的街市（如果有最好的話！）較有機會在哪兒？你又能推斷到繁忙時間哪兒交通擠塞嗎？這個城市是不夜城，還是半夜便打烊的？是城市或省份地圖的話，圖中的地方一百年前是怎樣的？你也許學過不同的國家有甚麼資源，但一個國家裏面不同的地區主要有甚麼資源、生產甚麼，你能看出來嗎？

地名尋秘

先談談地名。地名背後有甚麼詭秘？地名載着大大小小的歷史痕迹，我們在其他小時也會再談，但既然本小時的重點是地理資源，我們就看看跟地理資源最相關的名字吧。中國中部有很多以「州」命名的地方，而「州」字這指事字不也就是指川河之間的陸地嗎？你在地理課學過，世界偉大的古文明都在河流邊開始，因為水源可供耕作、可供食用。由兩個名字串連起來的地名，也許不容易發現，因為人類往往會把複雜的名字不留痕迹地簡化（湖北省會武漢便由漢口、漢陽、武昌三地合成），但你如果看看英國地圖的話，會看到不少以 "ford" 結尾的地方（如 Hereford, Stafford, Watford 等），而 ford 便是淺水渡、渡口的意思。英文的 "-ford" 跟德文的 "-furt" 相通，而德國金融中心法蘭克福（Frankfurt）的名字，特別有意思。你細心看德國地圖的話，會發現德國與波蘭邊境另外有一個較小的法蘭克福。

如匈牙利首都布達佩斯（Budapest），便由多瑙河西岸的布達 Buda 和東岸的佩斯 Pest 合起來。

德國首都柏林歷史上也是雙城，叫柏林—科隆（Berlin-Cölln）。科隆的地名來源是甚麼，眾說紛紜：有說來自斯拉夫語「沼澤」一字，也有說來自拉丁語 colonia，即「聚居處」、「殖民地」的意思。你當然會問，科隆不也是德國西部一個大城市的名稱嗎？不同地方有相同地名，是個非常有意思的議題；下面再說。

兩個法蘭克福

德國與波蘭邊境有一個奧得河畔法蘭克福Frankfurt an der Oder。
林達峰攝

一般人所認識的德國金融中心法蘭克福：Frankfurt am Main。
黃慧偲攝

這兩個法蘭克福都在河流邊，但 "Frank" 又是甚麼呢？答案
是法蘭克人 (Franken)，是法國人的重要先祖 (可別忘了法國
的名字是 France！)，也是德國人的一支先祖。兩個法蘭克
福就是他們從東至西遷徙時渡河的地方。常常出現的地名
或街名，也反映了從前不同年代社會的生活型態：例如歐洲
的古城便大多有「高街」、「市集廣場」、「教堂巷」和「大廣場」
等；教堂、市集、大街都是中古城鎮不可或缺的地方，而南
美洲不同城市的 Teatro Colón (哥倫劇院；哥倫為發現新大陸
的航海家哥倫布的西班牙名字)，則說明了西班牙殖民者到
達後的建設與文化政策。常見的「近代古迹」街道名稱則有
鑄幣廠街和郵局街等。

左　哥倫比亞著名港口城市卡塔赫納 (Cartagena) 之哥倫大劇院
右　阿根廷首都布宜諾斯艾利斯之哥倫大劇院

法國邊境城市史特拉斯堡 Strasbourg 的 Rue Thiergarten。Rue 是法文「街」的意思，而德文 Tiergarten 則為「動物園」。二戰前，史市數度易手於德法，街名便是這段歷史的痕迹。

一個地方，如果歷史上曾有許多不同的名稱，幾乎肯定是重要的地方、兵家必爭之地：不斷有不同民族、不同朝代的人去居住，一個地方才有常常改名的歷史。為何一個地方會吸引不同的民族去霸佔？原因是它是一個戰略位置，奪下它便可以更容易獲得豐富的資源，又或者該地自身便資源豐富。此外，世上也有不少地名以當地資源命名，譬如奧地利第二大城市、以莫札特出生地聞名於世的薩爾斯堡（Salzburg），德文的意思便是「鹽之堡」；食鹽是中世紀極度重要的物產。而海港城市則是它們所屬國家的咽喉，因為它們是通商的橋梁。

古羅馬帝國全盛時期的版圖，由東面的美索不達米亞一直伸展至大西洋、由北面現在的英格蘭與蘇格蘭邊境至南面的北非；擴張得那麼厲害，為的也是攫取資源。好酒的羅馬人，在屬土各地建立葡萄酒園，現在法國、西班牙不少著名葡萄酒園，便是羅馬人的足跡。亦因為羅馬帝國版圖遼闊，歐洲不少城市的現代名字，都可以追溯到拉丁語，即羅馬帝國的官方語言。

臺灣高雄市也有個鹽埕區。

哥倫布發現新大陸之後，英國、法國、西班牙與荷蘭開始到世界的不同角落拓展勢力，藉以獲取更多的天然資源，所以新世界中有很多舊世界的名字：殖民者都用自己熟悉的名字為新地方命名（有時也會以皇帝名字命名，以揚國威）。隨便一數，便有美國紐約州的紐約（New York；約克〔York〕為英格蘭北部古城，但紐約最先是以 Nieuw Amsterdam〔即新阿姆斯特丹〕為名，創立紐約市的是以阿姆斯特丹為首都的荷蘭人）、新澤西州科爾瑪（Colmar 是法國東北部阿爾薩斯〔Alsace〕的第二大鎮）、澳洲的新南威爾斯州（Wales 是英國的一部分）和維多利亞州（Victoria 為英女皇名字）、加拿大安大略省的倫敦市（London, Ontario）和附近的泰晤士河（River Thames），以及紐西蘭（New Zealand；Zeeland 為荷蘭一省，而把 Zeeland 轉做 Zealand 則是英語化）等。而名為老街、新墟等地方，與鄰近地方的發展先後次序也顯然易見。

一個地方的格局

從地圖，我們可以看到一個地方的地勢，從而知道該地是否有豐厚的天然資源，以及有何種天然資源。沿海地區都比較富有，因為有漁業；有水源的地方也較富有，因為土地較肥

巴西首都巴西利亞

沃、可供耕作,而河流也利運輸,可和其他城市作貿易。而一個國家裏,不同的地區主要有甚麼資源、生產甚麼,便是地勢的問題。

馬路眾多的城市,當然比較繁華富庶,但市內馬路眾多的地方,卻肯定不是最富有的人的區域。一個城市如果不同區域的人口密度差別不大,也沒有一個明顯的市中心,便可能是由不同的村落和地區合起來的(如美國洛杉磯和臺灣臺中)。如果一個國家的首都人口佔全國人口比例很高的話,你猜猜該國的地形又有可能是怎麼樣?為甚麼?人類的活動,包括地方規劃、人口遷徙等,都是跟環境的一個互動。哪怕是人工規劃味道再重的一個新城市,創立的時候也一定考慮到物資從哪兒運過來。一個很好的例子是巴西首都巴西利亞(Brasília),它是一個五十年代設計的現代城市,位於巴西中部地區,選址目的是為推動較貧窮落後的巴西內陸地區的經濟發展,令國家的財富不致於集中在東南部沿海城市,如前首都里約熱內盧。

你聽巴西(Brasil)首都巴西利亞(Brasília)跟巴西的名字那麼相像,原因到底是甚麼?

一個城市哪兒容易擁擠、學校和公共機關分布如何等資訊,現在或許可從電子地圖和主題地圖唾手可得,但我還是覺得自己用腦袋去想較好!

你也可以想想,為何有些國家或省份的邊界那麼直?直的邊界,都是「人工」的。

要知道一個地方的交通狀況、於繁忙時間哪兒交通擠塞?你可以從地圖中看看那地方有沒有一個集中的商業中心(看看建築物名稱!),如果有的話,那兒的街道配套怎麼樣,以及那一區有沒有良好的公共交通系統等。至於城市是否不夜城,可能比較難從地圖上猜到,但也可看看地圖上是否容易找到聚集人群的公共空間(例如廣場和市集等),和城市人口是否密集。有人群聚集的地方、城市人口又密集的話,是不夜城的機會當然更大了。

一個地方歷史上的演變,我們將於第八小時裏再仔細談,而一個地方一百年前的模樣,也可從地圖略猜一二。既說過人類總是往有資源的地方去跑,那麼本來資源最充足的地方,便應該是歷史最老的一塊。古時的城市規劃和工程並沒有現在般先進和具系統性(可不要忘記,資訊和交通發達,只是近數十年的事情);道路網比較混亂的區域,大都是舊區。又拿海岸線作例子:海岸線自然是彎彎曲曲的,如果有一段特別直,那一定是新近填海填來的,方便譬如裝卸貨物。

通過看地圖學習東西,你現在也許能掌握一二吧!從地圖中比較難推敲出的東西,都可通過看歷史資料——不論是世界史、本地史或者是地方史——去考證和補充。

活動二　斷人糧草

首先要說清楚，這個活動並不是要教你立心不良，而是鼓勵你要思考世界不同地方的資源分布！活動很簡單，就是要你好好想想，如果你要封鎖一個地區或國家，切斷其命脈，你會選哪些資源下手？你要想想，對於那個地方，甚麼資源最難獲取（如能源）、甚麼資源可以用另外一種資源去代替（如不同的食物種類）、資源是否能從周邊多處不同地區引進，還是只能依靠某一種方法、或只能從某一個地區輸入（如深山城鎮只能依賴通往鄰近城市的陸上通道，或空降物資）？

文字的力量

學外文的用處

有一次，在一所美國的頂尖大學內，一位來自澳洲、現時已成為美國暢銷書作者的研究生十分嚴肅地問我，究竟學習外國語文有甚麼用途。既然英文已經是世上最流行的第二語言，重要的著作——尤其是學術著作——即使不是用英文撰寫，也應該有英文翻譯了。他說他不是對操其他語言的人有任何歧視之意，但統一了語言之後，世界運作豈不是更簡單、不同的人溝通豈不更方便？說到底，語言還不只是一項溝通工具？

這位朋友當然不懂任何外語，否則他一定不會口出此話。然而在一個多文化、多語言環境受教育的我，雖然其時覺得此話真的差矣，卻一時間想不到理由去駁斥他。也許因為我們用英文交談吧！語言除了是溝通工具之外，還是我們思考的框架。

不同的語文有不同的文法結構，也帶出不同的文化概念。有很多概念，不可翻譯得來；翻譯過後，原來的語境便不見了。此外，你學習外語時，總試過「有話說不清」——找不到方法把你想說的說出，但又跟詞彙不足無關——原來某個意念，在外文竟需要這樣拐彎來表達。最好用例子去說明。

有水準的翻譯工作非常困難，原因就是這個。譯者不但要同時精通原文的語言和翻譯出來的語言，還要對該兩種語言背後的文化有深厚的認識。且不說需要深刻了解作者寫作時心路歷程、寫作年代背景等的文學作品翻譯，就算是基本的字詞翻譯，往往也不容易。我們日常生活中可見到的「失實」譯名實在太多了，不多加注意的話，思路便模糊了。例如歐洲人喝的wine，在中國大陸常常只譯作「酒」或「餐酒」，但wine卻實指葡萄酒。我很不以為然的，是中國京劇被譯為 "Peking Opera"，即「北京歌劇」。歌劇 (opera) 是西方音樂史長年醞釀出來的一種曲式，跟京劇很不一樣；稱京劇為歌劇，是有點生硬的把京劇納進歌劇這個西方藝術大統裏去，不合理。

活動一

不同語言 相同概念

在你懂的外語中，請你找數個較為複雜的詞彙，如較抽象和較高階才學到的、而不是基礎詞彙，並把其寫下。（如果你真的想不到，才參考下頁的三個例子吧！）之後，再把它們的意思，用你的母語寫下，看看它們有沒有微妙的分別，如意思上重點的不同。你覺得這活動不容易的話，則可上網找流行的翻譯網頁，把一些詞彙從你的母語翻譯成一種外語，之後再把結果翻譯回母語。你有時會發覺這個「回頭翻譯」竟會跟你當初輸入的詞彙有出入！

我舉三個例子給你看看。

1. expérience

法文 "expérience" 一詞，其中一個意思是科學實驗中的「實驗」。「實驗」一詞，你則可分拆為「實」和「驗」：實際的驗證，而不是憑空的想像，這豈非科學實驗的本質？有趣的是，「實驗」一詞，在英文是 "experiment"，而 "experience" 這字，在英文的意思則是「經驗」或「經歷」而非實驗；但實驗其實不就是一種被測試者或被測試物質的「經驗」或「經歷」嗎？

2. creativity

英文 "creativity" 一詞，中文意思究竟是甚麼？有人說是「創意」，也有人說是「創作力」或「創造性」。這個字的例子，說明了不同語言結構上的不同：英文 "creativity" 一字，既包括了「創意」的意思，也包括了「創作力」和「創造性」的意思。這三個意思看起來很接近，但細想之下，重點很不一樣。創意這形容詞，針對創造者個人或創作的產品，創造力針對的是創造者的能力，而創造性則強調創造的過程。所以 "creativity" 的實際意思還得看語境和前文後理。（也見第十五小時）

3. Hubschrauber

你留意到這兒的德文字都以大楷開頭嗎?用大楷開頭寫名詞,就是德文的規則!

德文"Hubschrauber"一詞,中文意思是直升機;但 Hubschrauber 也許應譯作「提旋器」! "Hub-" 是提升的意思,"Schraub-" 指旋轉, 而 "-er" 則是「者」或「器具」。 英文「直升機」則為 helicopter,詞源於法文和更早的希臘文,直譯應為「旋翼器」。你看,三種語言對於「直升機」這概念的重點,是不是不一樣?中文着重的是跟「打橫起飛」的飛機作對比,德文重點為其操作原理,而英文法文則在於其主要部件。

進階活動

用不同語言去聯想

你也可挑一些之前寫下的詞彙，分別用母語和外語作聯想，寫下立時想到的相關概念；兩種語言的聯想最好隔一點時間，以免一種語言的聯想影響到另一種語言的聯想。之後再看看，兩組聯想有何分別，又想想為何有這些分別。簡單的譬如「大宅」一詞，我從英文字 "mansion" 即時聯想到的會是大暖爐和石磚室內裝修；用中文聯想到的卻是「極奢華的生活」！

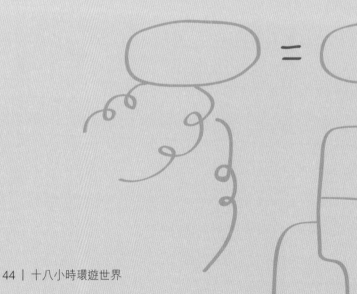

因此，**學習外語的一大目的是擴闊視野**，了解其他人怎樣用不同的「文字分工」去分析事物，而每一種語言都有其演進的背景，字詞都跟語區的生活息息相關，並沒有（也沒可能有）任何「最優秀、最客觀、最中性、最科學化」的語言。「世界語」(Esperanto) 便是十九世紀末一個大膽有理想、卻很難説得上成功的嘗試。

不同語文對同一樣東西的名字，也當然反映了使用者對該東西的看法：在香港，信仰耶穌的兩大宗教分別稱為羅馬天主教和基督教（或新教），但後者在德國則稱為 Protestanismus，要字面翻譯的話便是「抗議教」或「反教」！原因是基督教出自於十五世紀提倡宗教改革 (Reformation) 的德國修士馬丁‧路德 (Martin Luther)，出發點為抗議及反對羅馬天主教教廷之腐敗作風。然而此教派在香港成立時，沒有路德那時的歷史背景，並不需要「反抗」甚麼東西。

最後，一種語言中最具文化代表性的，大概是諺語了；你可以想想，為何有一些諺語，在不同的語言中也找得到，有一些則是某種語言獨有的。

我學習外語時（對，我現在還在努力學習外語！），為了要投入該語言的語境，有時候甚至會只看該語言的報章雜誌、只聽該語言的電臺廣播、只收看該語言的電影和電視節目、甚至乎自言自語説該語言，迫使自己只用該語言思考——哪怕常常讀不通、看不明。這般方法的成效，當然因人而異，但也許能説服你語言和生活的緊密聯繫。

諺語有説道理之意，跟以古人故事為基礎的成語不一樣；而成語則是中文一大特色，其他語言都沒有中文那麼多成語。你有思考過成語跟中華文化的關係嗎？

有趣的外來詞

無論西方還是東方，都對字詞來源考究十分重視；西方（英美法等）語言學學者弄的是詞源學（etymology），中國傳統的「小學」則包含了釋辭義的訓詁學。為何研究字源很有意思？剛才已經說過，語言是我們理解世界的工具，組織思想，把事物分門別類，所以學習字源，可以幫助我們理解使用該語言的族群的思想和概念的演變。其中，研究一種語言的外來詞便很有意思。我們以現在「世界上最流行的第二語言」英文作例子，因為英文也是你外遊時最可能運用的外語。英文是種特別有趣的語言，因為它既是德語系的一支（語系的其他語種包括德文、荷蘭文、丹麥文、瑞典文和挪威文等），又深受拉丁語言（語系包括法文、西班牙文、意大利文、羅馬尼亞文等）的影響，更從這兩個歐洲大語系之外的語言借用了不少字（例如來自印度語的"curry"〔咖喱〕、來自中文的"kowtow"〔叩頭〕等）。我有一位以學習外國語為嗜好的美國教授朋友，他的阿拉伯語老師說，英文中所有以Al-為字首的字詞如Alchemy（煉金術）、Algebra（代數）、Algorithm（演算法）等，都來自阿拉伯語，因為"Al"就是阿拉伯語中的定冠詞（definite article）。於是他頑皮的跟老師說，一個例

於中世紀（指大約公元五百年至一千五百年這段時間），歐洲的天文數理可沒有阿拉伯和中亞世界的那般先進；所以歐洲不少天文數理的概念，都是由阿拉伯和中亞傳過去的。你念元朝歷史時，一定會讀過位於中亞、被成吉思汗消滅了的花剌子模國（Khorezm；現在在烏茲別克、土庫曼、以及哈薩克三國境內）。原來演算法是由一位來自花剌子模的數學家發明的，而"Algorithm"中的"gorithm"，指的便是花剌子模國。

你可能已經知道，「胡鬧」的「胡」指的是中國西邊、歷史上屢次侵襲中原漢人的胡人。把不好的東西冠上外國人的名字，是以前輕蔑外國人偏見的方法：英國與法國是世仇，故不少英國人到了現在，說過髒話之後，仍立即會道歉說句「抱歉我說法文」(pardon my French)，把不文明的東西都算到法國人身上。如果交談對象碰巧是法國人的話，這句說話便不經意地成為雙重侮辱了。這些貶低外國人的說話，到了現在大都不帶惡意了，但有點「約定俗成」，仍留為很多語言的日常表達用語。

你也許會跟我的教授朋友一樣頑皮，說俄羅斯作曲家柴可夫斯基(Tchaikovsky)不也押 -sky 這韻腳嘛？但你知道，俄文 -sky 是專有名詞形容詞化的字末，如聖彼得堡的 Moscovsky 火車站，就是開往莫斯科(Moscow)的火車的起點站。

外是 Al Gore (前美國副總統戈爾，而 Al 是戈爾的名字 Albert 的簡稱)！這當然是胡鬧；人物名字根本不算，何況是簡稱。

外來詞所指的既可以是新事物 (如咖喱)，也可以是新概念 (如叩頭)。每個外來詞的引進，都有其歷史背景。咖喱和叩頭這兩個假借字的故事給你查好了，我們現在看看另外兩個例子。蘇格蘭著名的烈酒「威士忌」(whisky)，聽起來不太像英文字 (你想不想到發音或串法相近的英文字？)，原因是它源自蓋爾語 (Gaelic) "uisce" 一字，是水的意思，而蘇格蘭人本來的本土語言就是蓋爾語，說英語是與來自南邊 (當今英格蘭) 的央格魯·撒克森人 (Anglo-Saxons) 近千年來的皇族通婚、軍事衝突與政治演變的結果。以英語作官方語言的美國，最有名的菜式可能是漢堡包加炸薯條，但馬鈴薯的英文字 potato 實來自西班牙文 patata (對比「馬鈴薯」一字的法文：pomme de terre，即「土蘋果」！)，而馬鈴薯這植物卻源於美洲，由最先發現美洲的西班牙人帶到歐洲去，漸漸成為現代歐洲人幾乎不可或缺的食糧，而現代美國又主要是由歐洲移民所建立的。炸薯條成為美國國菜一部分，馬鈴薯終於環遊世界走了一圈！

反映歷史演變的字詞，除了一般的字詞之外，還有專有名詞：名字是也。

地名藏着無窮的歷史；上一小時已提及過了。打開中國地圖，你會見到首都北京，遙遙跟遠在南方江蘇的南京相對。北京當然是北方的京都的意思；六百多年前，明朝永樂皇帝朱棣決定把國都從南京搬至自己北方根據地的北京。你也會留意到一些聽起來不像漢語的名字如齊齊哈爾、香格里拉、喀什等；這些都是邊區城市，名字來自少數民族。「樂富」這個香港地名，聽來很奇怪，因為「樂」與「富」都是形容詞，不合地名取名的原理，所以必定事有蹊蹺。樂富本來稱作老虎岩，因凶惡的名字被視為不吉祥的緣故，遂改名為意頭較好的樂富。跳出中國，我最近坐火車從德國的德累斯頓 (Dresden) 到捷克首都布拉格，火車路一直沿着河流邊走 (猜猜為甚麼？)，進了捷克之後，看到一列結尾寫着 "nad Labem" 兩字的城市。我不懂捷克文，但好奇心大起，見坐在對面的捷克太太也懂德語，便立即問她 "nad Labem" 是否「沿河」的意思。我只猜對了一半："nad Labem" 意思是「在易北河畔」(易北河是該河流的德文名稱；捷克文則為 Labe)。

但東南西北永遠是相對的。北宋時，北京為遼人佔據，成為他們的第二首都，並號稱南京：因為他們來自東北，「我們的」北京在他們首都之南。

香港迪士尼樂園的地鐵轉駁站叫欣澳，是個「美化」得較不着痕跡的地名：它原來的名字是陰澳，但一般迷信覺得「陰」字有不祥的意思，於是「陰」字便輕巧地改為「欣」字，英文更聰明地取名為 "Sunny Bay"，意即「陽光的灣」！竟連地勢描述也扭曲了！

姓

地名我們談過了，那姓名又如何？美國、澳洲、加拿大這些「新世界」國家雖然都以英文為官方語言，也有不少人擁有英國姓氏（如阿當斯 Adams、顧爾德 Gould、史密夫 Smith 等），但也有大量外來的姓氏（你到了這些國家，是不是看到很多不知怎樣用英文拼音方法讀的名字？）。原因是這些國家都是移民國家，姓氏來自世界各地的移民。同樣道理，在阿根廷、巴西、智利等南美國家，很多姓氏都好像跟西班牙文格格不入，例如領導巴西規劃與建設超現代化的首都巴西利亞（Brasília）的巴西前總統庫比契克（Juscelino Kubitschek）、在阿根廷本世紀初的兩名總統基什內爾夫婦（Néstor Kirchner 與 Cristina Kirchner） 與任職時期最長的智利總統皮諾契特（Augusto Pinochet）等，姓氏分別來自捷克、德國與法國，他們（除了隨夫姓的基什內爾夫人之外！）都是來自這些地方的移民後裔。你對外來姓氏有興趣的話，也不妨研究一下外國運動員的祖籍。

言語不通怎辦？

我外遊時，一般會盡量挑不提供外語餐牌的「地道」餐廳用餐：沒英語或其他外語餐牌的外國餐廳並不一定都出色，但它們一定不怎樣着眼做非本地人的生意，所以大都「地道」！侍應不懂任何你懂的語言，餐廳的餐牌也只有你不懂的當地語。你如何點菜？

十多年前，我尚未懂西班牙文，在古城塞高維亞 (Segovia) 找餐廳吃午餐，被一間裝修不錯、且提供相宜的「是日午餐」(Menú del Día) 餐單的餐廳吸引進去。怎料餐廳並沒有英文餐牌，而當值的侍應也不懂英文。我手頭上並沒有字典或詞彙書，而那時當然還沒有智能手機。我指着某一項目，用迷茫的表情望着他，他竟扮羊發出「咩咩」聲來！

如果餐廳有其他客人，你當然可以禮貌地用你懂的語言去問他們，能否為你當翻譯。（我便曾經在奧地利第二大城市薩爾斯堡一間餐廳吃晚餐時，被一名戰戰兢兢的女侍應請求我為剛抵餐廳、不懂德文或英文的臺灣遊客翻譯餐牌！）你旁邊有用餐的客人的話，也可以偷偷去瞄他們在吃甚麼，見到好吃的話，腼腼腆腆地向侍應指手畫腳，叫同樣的食物。但

外遊時，如果你有機會幫助別人，有能力的話請不吝去做。除了助人為快樂之本外，你跟別人交談時更往往會聽到許多有趣的故事、學到很多有趣的東西。

運用此方法時，當然不能搬字過紙，必需好好運用常理。西班牙著名足球勁旅皇家馬德里，西班牙文名字為 Real Madrid。在資訊不那麼發達的數十年前，香港很多傳媒竟把球會的名字翻譯成「真馬德里」，因為 real 一字在英文是「真」的意思。Real 在西班牙文的意思卻是皇家，即英文的 Royal。如果那時的翻譯稍花點時間想想，一個球會又怎麼可能叫自己作「真」呢，難道也有「假馬德里」嗎？碰巧的是，一個拼音或串法相同、但在不同的語言中意思迥異的字詞，語言學家卻真的稱之為「假朋友」(false friend)！

旅遊的一個好處，是提升自己對語境的敏感度！

凡是自己有能力解決的事情，當然不好輕易去求人。那麼你又有甚麼方法呢？

方法最少有兩個。第一個跟文字的相通有關。上面說過，英文是一種奇特的語言，跟不少其他語言有共通處。因此如果你在看一種跟英文有關連的語言，不妨嘗試找找有甚麼跟英文字串法相類的字，沒有頭緒的話，也可嘗試把生字用英文讀出來，看看有否發音相近的英文字。第二種方法當然是推理。任何語言的運用都有其語境；譬如有人用一種你不懂的語言，凶神惡煞大聲跟你說話，你大抵也會猜得到那些是罵人的說話。你為一份餐牌解密時，也會知道餐牌的文字不是胡亂拼砌出來：正常的餐廳餐牌都有其設計規律，相關的東西大都放在一起，中外都如是，所以到處都是線索。下圖是紐倫堡 (Nürnberg) 市中心聖塞爾堡特大教堂 (Sebalduskirche) 的一所著名的古老餐廳；這所小屋的煙囱，不斷噴出可愛的縷縷灰煙。你也看看它的餐牌(下頁)：不懂德文的你，能猜出餐牌寫的是甚麼嗎？

Behringer's Bratwursthäusle
Original Nürnberger Rostbratwurstküche bei St. Sebald

Biere vom Faß

Seidlein *LEDERER Premium* Pils	0,40 l	3,40
TUCHER Altfranken dunkel	0,40 l	3,40
TUCHER Hefeweizen	0,50 l	3,60
TUCHER Bajuvator : dunkler Doppelbock	Flasche 0,50 l	3,95
TUCHER Hefeweizen *alkoholfrei*	Flasche 0,50 l	3,60
JEVER Fun alkoholfrei	Flasche 0,33 l	3,20

Unsere Schoppenweine   0,25 l   4,30

2012	**Franken**	Graf von Schönborn Bacchus trocken	
2012	**Franken**	Graf von Schönborn Müller-Thurgau trocken	
2011	**Mosel**	Selbach-Oster Riesling 1 trocken	
2009	**Franken**	Graf von Schönborn Rosé	
2012	**Italien**	Montepulciano d´Abruzzo DOC Bio-Rotwein	

2011	Graf von Schönborn Silvaner trocken	0,25 l	4,70
2012	Graf von Schönborn Rotwein Cuvée trocken	0,25 l	5,50
Frankenweinschorle		0,25 l	3,20

Alkoholfreie Getränke

Apfelsaftschorle, Mezzo-mix*[2,3], Tafelwasser,	0,40 l	3,10
Orangensaftschorle oder Johannisbeersaftschorle	0,40 l	3,40
Coca-Cola*[2,3], Fanta*[3], Nawinta Zitrone, Mineralwasser	0,20 l	2,20
Apfelsaft	0,20 l	2,20
Orangensaft, Schwarzer Johannisbeersaft	0,20 l	2,50
Selters stilles Mineralwasser	0,50 l	3,40

*[2] koffeinhaltige Limonade   [3] Konservierungsstoff Benzoesäure

Alle "guten Geister" und "Wässer" aus Franken   2 cl   2,20

Waldhimbeer-Geist	Schlehen-Geist
Birnen-Geist	Streitberger- oder Trichterbitter
Zwetschgen-Wasser	Kirsch-Wasser

Doornkaat, Aquavit	Weinbrand	Cognac
Fernet Branca	Fernet Menta	Underberg

Bitte keine Kreditkarten

Behringer's Bratwursthäusle
Original Nürnberger Rostbratwurstküche bei St. Sebald

Original Nürnberger Rostbratwürste vom Buchenholzgrill   €

6 Stück Rostbratwürste mit Beilage	(Weinsauerkraut	7,20
8 Stück Rostbratwürste mit Beilage	oder Kartoffelsalat	9,10
10 Stück Rostbratwürste mit Beilage	oder Meerrettich)	11,00
12 Stück Rostbratwürste mit Beilage		12,90

"Saure Zipfel" im Weinsud		Preis wie oben
Geräucherte* Bratwürstchen mit Beilage		Preis wie oben
Knöchle* (Eisbein) mit Beilage	klein **8,40 €**	groß 9,90
Züngerl*, mild gepökelt, mit Beilage		7,20
Herz*, mild Gepökelt, mit Beilage		7,20

*) mit Pökelsalz

Beilagen

Weinkraut	1,90
Hausmacher Kartoffelsalat	1,90
Sahnemeerrettich	1,60
Hausgebackene Brezeln **0,95** Brot **0,50** Brötchen 0,6	

Nürnberger Leberknödelsuppe	3,
Fränkische Kartoffelsuppe	3,
Nürnberger Stadtwurst* kalt mit Landbrot und Gewürzgurke	5,
Nürnberger Stadtwurst* heiß oder vom Rost mit Beilage	
Nürnberger Bratwurst-Pressack mit Landbrot & Gewürzgurke	4
Camembert mit Butter und Landbrot	4
"O'batzder" (Camembert angemacht) mit Landbrot	
Frischkäse (Philadelphia) mit Butter und Landbrot	
Frischkäse (Philadelphia) angemacht mit Landbrot	

Montag, Freitag:	Ofenfrisches Schäufele mit Kloß*[1]
Mittwoch	Schlachtschüssel aus eigener Metzgerei

Alle Preise inklusive Be___ ___d Steuern

Ihre Euroscheckkarte akzeptier___ ___ Betrag vo___

以上說的兩個方法，當然不只限於「拆解」外文餐牌；原則上也適用於外語的其他文字資料。你看完本章意猶未盡的話，何不找一本外文書、或者一個外文網頁來看看，說不定你會驚訝，雖然你不懂該語文，但看懂的內容比你想像中的要多！

0500

系統與制度

運作模式

每一個地方、每一個社會、每一個族群，都有其不同層面的「運作模式」與規則。你隨便在街上逛逛，細心留意周邊的東西，便會看到交通工具如公共汽車和地下鐵列車、公共設施如電箱和電燈柱等，都有獨特的編號。你到郊野公園遠足，遇到甚麼困難要報警求助，緊急求助熱線的接線生最關心的是，你身處甚麼地方：你在遠足徑哪兩個路標編號之間。打開一本一個國家的歷史書，你大多會找到該國家歷史上省份重組、郡縣合併的描述。最近半個世紀，現代化和城鎮化來得快速，一個城市的近郊地區併歸於該城市的例子比比皆是：就像我從未到過的祖籍番禺，千禧年時便併入中國廣東省廣州市，成為廣州市一個市轄區。（但番禺卻是二千多年前的郡城，可以說是廣州市的祖先！）你到了一個陌生的國度，發覺政府部門的職責分工，可能和在家的不一樣，例如香港的火葬事宜，由食物及衞生局轄下的食物環境衞生署負責；而在法國，火葬則在私人的火葬場舉行，而先人的家屬則要向市長申請火葬許可。

把東西分門別類、把工作職責分清等，都是建立起方便管理的系統、結構和制度。不同的國家、甚至同一國家的不

同歷史階段（如上述番禺與廣州一例！），都有不同的系統和結構。這些系統結構是社會運作的基礎，為社會帶來秩序。系統可以關乎人，例如行業分工、社會習俗、法律體系，甚至治安管理，也可以關乎事物，例如交通網絡。系統結構可以一目了然，例如街道名稱和區域分野，但也可以不成文，例如工作態度和思想感情。系統結構可以自然演進出來，例如飲食文化傳統；也可以是人工的，例如移植到本地社會的一些於外國研發和建立的系統，如地下鐵路之於亞洲國家（從外國引進的系統，當然也會因應本地環境而作調整）。系統結構可以有其內在的原因與規律（如第三小時所述，為了適應地形和地理資源的系統），也可以是約定俗成（例如不同國家的電插頭設計等）。我們到異地旅遊感覺新鮮，一大原因是異地的系統結構和我們的不同，讓我們受啟發。以下的不少章節，目標便是去探討一些特別重要的系統；至於交通和習俗，我們便闢新章探究。在此不得不以交通作例子，說明系統性的重要：有一些城市，地下鐵維修時，某一路線的列車可以臨時跑到另外一些路線上，跟路線圖所說的不一樣，又或者常常脫班誤班，帶來誤會和混亂。可是如果本地人已經習慣了，便會見怪不怪，懂得考慮這些不成文的變數而相應調節，最受影響的都是外地人。

重要的系統

對於一個國家而言，甚麼系統較為重要？不同的國家，會着重發展不同的系統嗎？為甚麼？有甚麼系統，你覺得在某些國家和地方會特別發達？你覺得你的國家、地區或城市，甚麼系統最為先進發達？而甚麼系統則有不少改進空間？為甚麼？你憑甚麼準則來下判斷？是處事效率、是服務對象、是對使用者的方便程度，還是其他的標準？你覺得這些標準，有多少是人人同意，有多少則是見仁見智？

如鐵路系統便對中國特別重要，因為中國人口龐大，促進人口的流動性對促進經濟和民生會起很大的作用。

香港有一個我十分喜歡的系統：巴士（即公共汽車）優惠路線轉乘系統。搭乘某些隧道巴士路線的乘客，可以以優惠車費、甚至免車費在隧道口轉乘其地路線：這系統的可取之處當然是能讓乘客隨意配搭起點與目的地。但香港並不是所有的隧道巴士路線也採用這個收費系統，而這個系統在國外也不太常見。為甚麼？

我不知道你對甚麼系統特別感興趣，所以我隨便挑了一個系統的例子和你分享，也藉以説明系統跟歷史也分不開：畢竟一個地方採用一個系統，也有其年代背景和最初採用時的原因。我挑的這個系統雖關乎交通，但實際上重點卻在於管理。

車輛登記號碼

到一個新的地方，你立即會注意到當地車牌和自己家見慣的不同，而一個地方的車牌號碼編配，背後又隱藏了許多資訊。車牌號碼大都有着一定的規律：政府車輛採用特定的號碼和字母列、民用車輛一般以登記日期排序（除了有些地方——如香港和英國——的政府為了增加庫房收益，允許車主付費自選車牌號碼），也大都會標明車輛之登記地方。車輛登記地代號亦有其法則，跟該國家的行政區域劃分有關。例如中國浙江省杭州市，車輛車牌都寫着「浙A」：「浙」當然代表浙江省（中國大陸車牌，都以一字代表一個省，如「閩」便是福建、「豫」則是河南；這些歷史名稱的來源，也值得你去了解！），而省會一定是A字（所以同樣道理，「豫A」便是河南省省會鄭州）。車牌字母都是以省內城市的規模排列的，較大先行；所以浙江省第二大城市寧波便是「浙B」了。

德國的車牌號碼有意思，跟分省的中國和美國不一樣，德國車牌只顯示車輛登記城市或行政區域，而城市越大，代號越短。首都柏林（Berlin）的代號，當然是簡簡單單的一個「B」字（而同時B字頭的前德國首都波恩〔Bonn〕便是BO），而最大的城市如杜塞爾多夫（Düsseldorf）、法蘭克福（Frankfurt）、科隆（Köln）、萊比錫（Leipzig）、慕尼黑（München）、史圖加特（Stuttgart）都分別以單字母D, F, K, L, M, S來代表。最小的行政區，如以產酒出名的雙城Bernkastel-Kues，車牌要用上三個字母：BKS。

但德國第二大的城市可不是漢堡嗎？這就是一個在漢堡註冊的車牌：

對，就是漢堡包的漢堡，你去找找漢堡包跟漢堡這個港口城市的關係！

德國漢堡車牌。另外，我在嚴冬遊漢堡時，也學到一般放在車裏面的擋太陽屏障，也可以在下雪時放在車外擋雪，避免車頭玻璃結冰。

德國 H 車牌，原來是給遠較漢堡市小的西北部城市漢諾威（Hannover）的車輛，而漢堡市的車牌代號卻是 HH！是甚麼原因呢？你猜猜看！

上網找資料之前，想想這個城市會有甚麼特別的「自由」，和何故有這些自由？

漢堡市其實有着一個很有意義的歷史銜頭，就是「自由及漢莎聯盟城市」（Freie und Hansestadt Hamburg）。「自由」一詞的意義不說，你讀過上面的銜頭，便大概已經想到 HH 分別來自「漢莎聯盟城市」和漢堡了。漢莎聯盟是中世紀北歐的商業航運聯盟，保護歐洲北部（主要但不只限於現在的德國）眾多商城的商業利益，而商貿更連接至遠達東方的絲綢之路。它的中心包括了漢堡和現今遠較漢堡小、但更漂亮可愛的北德城市呂碧克（Lübeck），而所有屬於此聯盟的城市，都稱為「漢莎聯盟城市」（Hansestädte）。因此現於德國境內的聯盟城市，車牌都以 H 開首，再加上城市名稱的第一個或首兩個字母（如有着一所龐大的漢莎博物館的呂碧克，車牌代號便是 HL）。代表德國的德國最大航空公司名叫漢莎航空（Lufthansa），當然也是來自漢莎聯盟這歷史名稱（Luft 是德文空氣的意思）。

所以你再聽到不諳德語的人把航空公司名稱唸成 Luf-than-sa 時，你便可以善意提醒，正確讀音當然是 Luft-han-sa。

想想有甚麼系統如車輛登記號碼般，能方便一個國家管理。一個明顯的例子是電話號碼系統：國家代號、地區號碼、城市號碼，以及號碼性質（流動電話還是傳統地線電話）的分類。做些研究，並總結一下你學到了甚麼。

活動二 同一系統 不同性質

於歐洲某些國家，郵政系統也會兼連提供交通服務或銀行服務。為甚麼？找一本你國家(或地區、或城市)的政府年報，或到政府官網去看看。年報必定載有政府部門架構的資料。你猜在哪些國家，架構會不一樣？為甚麼？之後別忘到相關的外國網站求證一下！年報的不同章節和部分也會報告國家不同方面的發展，如經濟、教育、文娛等。

隨便在地圖上挑一個國家(想起第三小時嗎？)，看看並判斷自己地方的年報主題分類與該國年報是否一樣。為甚麼？

不看年報，則可看看外國國家的進階外語課本：一般而言，外語課本都以外語國國家最重要的社會議題和系統作框架。

系統的啟示

令我們出奇的異地系統與制度，有時候能告訴我們，那些地方的一些特殊發展。我們看看以下六個例子。首三個我已為你提供我的個人解說；後三個還是讓你自己想想吧！

於某些國家，雖然有明文的規矩(如交通規則或買賣標價等)，但卻不被遵守。原因是甚麼？一個可能性是這些規矩(也就是系統制度)不為當地人立即適應過來，而當地人的既有生活模式卻有其內在的秩序。如果你習慣過馬路一定要遵從交通燈號指示，那麼到了一些不大理會交通燈號的地方，一定會很辛苦。可是當地的交通意外率卻不一定特別高，因為大家都會遵守一些潛規矩，靈活閃避其他人來「趨吉避凶」。

1

2

世上所有國家，都有其通用的貨幣（儘管一些比較落後的地方，仍以非貨幣形式進行交易）。鈔票幣值究竟如何決定？你可能接觸過歐元這種廣為流通的貨幣的鈔票：大概是流通的五歐元、十歐元、二十歐元和五十歐元吧。一百歐元面額的鈔票，於某些以歐元為法定貨幣的國家（如法國）已經不大受歡迎，因為商戶一來擔心受騙，二來則老大不願意找零錢（你到法國餐館吃飯，有時多麼笑容可掬的侍應，一見到你用一百歐元鈔票付費便立刻變臉，你道歉多少遍都沒用！），但你知不知道還有二百和五百元面額的歐元鈔票？（經常到歐洲的我也從來沒看過。）臺灣最流通的鈔票是一千元和一百元新臺幣，五百元也會偶爾見到。但二百和二千元，你便很少見了。有些國家──如中國大陸──最高面額的鈔票，面額還是十分低。（怎麼定高低？舉例說，你可以計算人均月入與最高面額鈔票之比，或一般消費〔如一頓飯〕和最高面額鈔票之比。）為甚麼國家不印發更高面額的鈔票呢？也許是因為貧富差距大，你見到的都是在富裕的遊客區或城市的物價；一張最高面額的鈔票，在該國家的偏遠地區，可以買到很多很多的東西了。又或者推出高面額鈔票的話，偽鈔對金融體系帶來的影響會更大。社會現象很多時候並沒有單一的解釋，所以才值得思考！

一個地方的司機座位處於汽車的右面（即馬路「左上右落」）還是左面（即馬路「右上左落」），是個約定俗成的系統，並不能客觀說一套系統比另一套系統優勝。如果一個地方跟另外一個地方採用同一系統，可能是出於一些獨特的歷史原因。例如納粹德國於1939年3月入侵捷克後，便強迫「左上右落」的捷克人自始「右上左落」駕駛；香港是英國的殖民地，所以香港也採用了英國的「左上右落」。馬路系統只是一個例子，你也可以找到其他無數的系統例子：從不同的度量衡到語言系統。例如蒙古在蘇聯時代深受「蘇聯老大哥」的政治及文化影響，蒙古文採用了俄語、烏克蘭語等共同使用的西里爾字母系統（Cyrillic alphabet）來拼寫；蘇聯解體之後，蒙古文又嘗試重新採用傳統的、跟滿文出自同一語系的字母。

3

中國北京道路

4

有些系統跟文化習慣與歷史背景很有關係，例如街道命名。
不少地方喜歡以名人——包括偉大的發明家、藝術家、科學
家和政治人物等，為街道(和廣場)取名。有些街道則以其
他的城市或地區取名。取名方法的分別，可以告訴我們甚
麼？例如為何中國內地沒有分別紀念杜甫和湯顯祖的子美大
道和顯祖大街，但各城各鎮都有建國路、延安路和解放路？

中國香港道路

巴西聖保羅道路

於二十一世紀這個資訊發達、國與國往來越來越多的年代，
於某些領域的系統標準化越來越受歡迎。例如歐洲認證標準
(CE) 便是貨物品質安全的保證，而國際標準認證組織
(ISO；International Organization for Standardization) 更為不同
的領域範疇定下質量標準。有一些系統如路牌系統，國與國
之間雖然有差別，但基本上還是一致的 (例如世界上不少國
家都承認國際駕駛執照，證明駕駛的要求在世界各地都差不
多)。你覺得世界上有甚麼系統比較「大同」，有哪些則相對
受本地文化和地理等所影響和限制？為甚麼？

5

於一些國家，老師受到很大的尊重，而不少「初級生產」如
補鞋、務農、在林中採果等是專業項目。這些職業在其他國
家，卻被視為不甚了了的行業。(簡單一例，農夫在北歐的
地位一般便比在中國大陸要高得多了。)為甚麼？這跟國家
社會結構和風俗習慣有何關係？

6

0600 數據與紀錄

數據如何不說話

我們於上小時的一個活動中提及了國家、地方或城市的年報，並請你看年報有甚麼主題，因為我們可以從中得知該國該地該城的一些結構和系統。年報除了包括該地各重要範疇的描述之外，還有指標和數據。基本數據如總面積、總人口、總生產收入等，重要性顯然易見，就如身高、體重、心跳速度等，是關乎人體狀況的最基本訊息一樣。

複雜一點的數據和指數，例如醫院急症室求診平均輪候時間、按年齡組別分別計算的教育程度、每種交通工具的使用量、郊野、農地與市區面積比例等，則反映相關結構系統的內在要素，例如醫療系統算不算有效率、歷年的教育政策有何重大改變、交通系統是否飽和以及有甚麼調整空間、該地還有多少「城鎮化」的空間等。現在各式各樣的世界各地比較研究報告，大都是分析一系列的指標，例如人均收入、境內最富與最貧地區的人均收入差距、醫院和學校密度，甚至居民最開心程度等。

這小時首先要你想想，數據和指標可以解釋和說明甚麼，以及不能解釋和說明甚麼。舉一例，甲地的某指標（例如大學生比例）比乙地的為高，是不是一定代表甲地比乙地於相關方面優勝，即甲地人口教育水平比乙地的高？首先，你不知道甲地的大學水平是否最少跟乙地的相若；其次，你不知道乙地的其他教育訓練，包括職業訓練（如廚藝）和專業訓練（如工程維修）等，是否比甲地優勝。教育種類的分布，又跟社會結構、社會需要和社會價值觀有莫大關係。百多年前英國首相迪斯內里（Benjamin Disraeli）便曾下名言，世上有謊言、可惡的謊言，更有統計數據（Lies, damned lies, and statistics）：數據可以表面上看來光彩，但其實卻掩飾了不少事實、以偏概全！例如不少商品（甚至大學！）都以甚麼國際獎項得主、或甚麼國際排名名列前茅見稱，但獎項比賽究竟有多少參選者，以及排名所基於的準則，則鮮有人花心思去考究。如何機智地閱讀數據，留給你問統計和社會科學老師。我現在想跟你玩的，卻是如何機智地設計指標去了解一個地方。

活動一

千奇百怪的指標

我想出了一些指標，有些千奇百怪，有些的意義則較為明顯，但大部分你之前都不會想過見過。有些容易量度，有些則非常難。請你花時間想想，每一個指標可以告訴我們甚麼？如果你要去探索同一題目，你還可以用甚麼其他指標？舉一個天馬行空的例子：三十年前，乘飛機並不便宜，而航空公司的服務質素（即使是經濟艙）也十分高。現在航運普及得多了，但商業競爭帶來了越來越多的成本考慮，所以航空公司的服務質素相應下降。有甚麼指標可以反映服務質素下降？不同地方有不同的指標，但就香港的航空公司而言，一個指標是空中服務員談話中的文法錯誤數目。說話清晰，思路也就清晰；對事對物的想法也就更仔細，對乘客也就更細心。但說話是否精準，當然並不

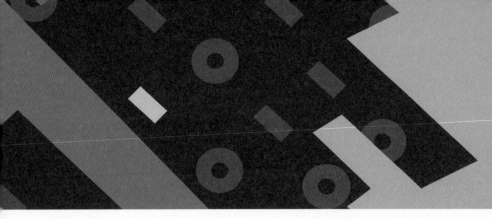

是唯一（甚至是最好）的指標。有甚麼其他的指標也可反映服務質素的下降？當然有些直接的「硬指標」，例如從乘客按鍵召喚服務員至服務員到達之時間長短；但如上一段所說，「硬指標」是可以美化造假的，如服務員可以盡快趕到乘客座位旁回應乘客，以便於這指標拿到高分，但其實回應了乘客之後卻沒有真正好好幫助乘客。因此有時候一些「防不勝防」的間接指標，反而更有助我們去了解事物，如上述的「文法錯誤數目」便是一個空中服務水平的間接指標。至於如何找有趣有意思的指標呢？當然又是細心的觀察：第一、第二小時所講述的東西了。

- 上班時候公共交通的男乘客穿牛仔褲的比例
- 郵筒密度
- 城市每平方公里平均有多少隻寵物、以及城市每平方公里公園平均有多少隻寵物
- 學校裏學生平均活動空間
- 人均冷氣機數目
- 私家車顏色種類
- 人均路牌數目
- 每人每日接觸到的廣告數量（包括海報、電子標語、電視廣告以及通過其他媒體發送的海報）
- 每年因患感冒而申請的病假次數
- 每人每年平均境外旅遊次數
- 人均每月用於商業活動（如利用 app 進行銀行交易、收發商業用電郵等）的流動數據用量
- 人均每日接觸到噪音的時間長度
- 每人每日接觸到的植物品種數目
- 五十至六十歲群組中，有多少人跟小學同學還有聯繫
- 人均每日喝多少公升水
- 窗戶佔房子外牆面積的比例
- 成年人戴戒指的比例

奇怪嗎？

上述活動當然也告訴了你，數字、量化和統計都只是幫助我們理解事物的工具。它們背後的思維才更重要：例如簡單的私家車顏色種類，你在街上逛逛便可知道種類大概多不多。如果不多的話，也許該地沙塵很多，一般沉實的色彩才有利於打理，又或者當地不生產汽車，入口汽車的選擇不多，又或者當地人口較少，汽車經銷商一般不會輸入不同顏色汽車，而本地人買車也只求方便，車行有甚麼現成的便算等……你並不需要真正知道汽車顏色的準確種類數目。

最後，你也可以想一想，有甚麼數據指標可能很有意思，但是卻很難計算得出、或者一定不會公布的。打個比喻：一間公司做內部調查報告，會弄出甚麼指標來，其中又有甚麼比較敏感，公開了會對自己不利的？要找到這些指標的數據，又究竟可從何入手？

跟指標有關的，是如何根據合理的假設和既有知識去推敲出數值答案。舉一個最簡單的例子：我念小學時，有一位特別好玩的數學老師問我們，地球圓周大約有多長。那時候我當然並沒有甚麼概念，所以便根據電視廣告口號隨便回答「數百萬公里」！如果我懂得以飛機航線需時、一般飛機時速和航線出發地與目的地的地理位置去估算，便不會有這個荒謬的答案了。你若希望學會如何作聰明的數值推敲，可以看看這兩本書：

L. Weinstein & J. A. Adam, *Guesstimation: Solving Today's Problems on the Back of a Cocktail Napkin* (Princeton, NJ: Princeton University Press, 2008).
L. Weinstein, Guesstimation, *2.0: Solving Today's Problems on the Back of a Napkin* (Princeton, NJ: Princeton University Press, 2012).

基本數據

說完好玩的數據，還是要談談踏實的基本數據。

一直建議你看的，是一個地方的政府官方年報。為何不看百科全書，或地圖冊之類的？原因十分簡單：百科全書或地圖冊都採用標準統一的格式，報告每一個國家地區的狀況時都採用同一套指標，而我們感興趣的卻是不同的國家自己提出的指標！現在我們再翻一翻年報。看看概況頁如首尾頁標着「基本資料」(basic facts) 的，留意有甚麼指標數據令你覺得驚訝：有些數據如總人口，目的明顯，但為甚麼數據如鐵路總長度也需要提及呢？知道鐵路總載客量和載貨量，不就已經夠了嗎？你想想鐵路總長度可反映甚麼？以及為何某些年報會提及這數據，但其他則不會？

活動二　再閱基本數據

即使針對同一範疇（如貿易），不同地方的年報，數字和文字的描述，也可以有很不一樣的重點。隨便挑一個範疇，看看年報所報告的指標，跟你期待看到的有何不一樣，並想想不一樣的原因。

撇開年報，你也可以找其他地方的一些評核標準，如餐廳或飯店評分，甚至乎是公開考試的標準來研究一下。不同的標準，當然反映了價值觀的不同。為何某地對某範疇的評核特別着重某一方面，而另一地方於同一範疇的評核，則特別強調其他方面？你甚至乎可以想想：為何歐美的世界歷史書，雖然談的是世界歷史，但重點都放在歐洲（見頁數覆蓋比例便知）？

活動三

網站尋秘

政府的官方年報看過了，現在我們找一些好玩的機構網站。

隨便找一個你感興趣的主題，如火車站、時裝、消防局與消防員、造船業、寵物市場、感冒藥、單車修理、航空公司、化妝品等，甚麼好玩的都可以。花腦筋找一找與主題有關的外地網頁，並好好研究一下；你也可以隨機抽一個國家，並研究一下該國各方面的網站。如果網站有你懂的語言可供挑選，千萬不要那麼快便揭盅：先嘗試了解原文網站在說甚麼。網站的設計與構想、內容的分類跟你期望的、看慣的、知道的有甚麼不同？譬如為何網頁特別多圖像和影片（或文字！）、為何設計那麼簡單（或複雜！）、為何內容那麼有條理（或混亂！）、為何沒有（或太多！）關於該機構（或公司）的資料等。你喜歡的話，找找報紙、電臺和電視臺的網站也可。

之前亦提過，一個網站即使有不同語言的版本，也不保證各版本的內容一模一樣；例如外文版本只提供最基礎的資料以及處理詢問的聯絡方法如電郵地址，來自外地的網站訪客若有進一步查詢的話，用真人解答便算。

活動四

照片研究

第三小時提過,一畫可能抵千言。我們既看過地圖,現在何不也看看照片?

請一位朋友或親人幫忙,選不同國家的照片,讓你好好研究一番,但千萬不要告訴你,照片來自何方。如果照片是親朋自己拍的,那就更好,因為會有個人的故事可以跟你分享:讓親朋考一考你!照片是甚麼主題都沒關係。可以是郊外大自然或城裏一角的景像、可以是獨特的設計、可以是當地人物的描寫像、可以是連鎖店的招牌、也可以是任何其他的東西。花最少三分鐘去看每一張照片。(你在首兩小時訓練出來的觀察技巧,現在應該能大派用場了!)多看細節:人物的表情如何、地方色彩繽紛與否、招牌設計細不細心等。

烏茲別克斯坦古城撒馬爾罕(Samarkand)
帖木兒陵(Gur-e-Amir)。

例如我有一次挑了一張拍於烏茲別克古城撒馬爾罕 (Samarkand) 帖木兒陵 (Gur-e-Amir) 的照片，給一群對伊斯蘭文化和中亞地區完全不認識的初中學生去觀察。他們留意到甚麼呢？首先，他們覺得建築只有藍綠兩色很獨特（這點當然跟伊斯蘭教的價值觀有關！），而除了這種主要顏色，周邊都是泥土色的，氣候看得出很乾燥。留神的話，會在左下角看到一個牌子，上面只有一個用俄文字母寫的字，而沒有其他語文。我問學生，圖片顯示的大概會是甚麼地方？他們回答，俄羅斯應該不是那麼像沙漠的，而圖中建築又不像西式的建築，所以應該不會是俄羅斯。他們有些甚至乎覺得是中東地區，雖然這並不可能。我便接着問，但如果不是俄羅斯、甚至乎是中東的話，為何左下角的牌子一字只用俄文字母？他們回答，大概是受俄羅斯影響特別深的地方吧——於是他們想到了前蘇聯其他成員共和國。其實說是俄文字母，並不準確：一如英文字母其實為拉丁字母 (Latin alphabet)，不少其他歐洲語言，包括基本上所有非東歐各國的語種，都以拉丁字母為基礎，我們印象中的「俄文字母」其實為西里爾字母 (Cyrillic alphabet)，也用於不少斯拉夫語系的語言如烏克蘭語、保加利亞語、塞爾維亞語等，以及土耳其語系語言如土耳其語、哈薩克語、阿塞拜疆語和烏茲別克語。慢慢的觀察和推敲，之後再找相關資料求證，不就是最恰當的學習方法嗎？

雖然西里爾字母現在並非烏茲別克斯坦共和國的官方字母系統，因為92年起，烏國把官方字母系統由西里爾字母系統改為拉丁字母系統，但實際上西里爾字母系統仍普遍採用。

https://geoguessr.com 是一個從電子地圖隨機挑選街道實景相片的猜地點遊戲網站。這類遊戲跟此活動性質上很不一樣，因為一般拍照者都不會隨便亂拍，所拍攝事物都必定有可玩味的細節作觀察。

聲音資訊

從沒說過關於外地的資料，一定是視覺的；只不過最容易記錄和傳播的卻一定是視覺資訊。嗅覺能感受的東西不容易捕捉；即使外國某地郊區的泥土氣息特別重，到處都是青蔥味，你也很難弄個氣味罐把當地的氣味保留起來。味覺呢？我們對外地的接觸和認識，不少來自本地的外國餐廳；外國菜也能為我們道出該國許多的地理資源故事來，但味覺能感察到的，僅此而已。（想想：你可以通過視覺去了解食物，卻不能用味覺去了解建築！）

嗅覺資料難捕捉記錄，味覺能說明的東西又不夠廣，但聽覺資料則容易多了。異地的音樂，你也許已經在網上接觸過一些；外語的對話及廣播，你也隨時可以在外國電臺電視臺的網站聽得到。然而日常生活的聲音又如何？熙來攘往的街道上行人的談話聲、小販的叫賣聲、行人的腳步聲、下雨天汽車在濕滑地面行走時的沙沙聲，又或者田野中飛鳥和輕風點綴寂靜的聲音，往往都能訴說當地生活的許多細節。為何某地的人，說話特別文雅（或大聲），為何他們步伐那麼急速（或緩慢）等？當然，有意思的聽覺材料，比視覺材料難找得多了：你總不會期望常常有人會在異地的公眾地方，如火車站和廣場等，製作錄音吧！（雖然你還可以找到如老北平街巷聲音的歷史錄音。）但如果你用用想像力的話，聲音資料一定找得到的，尤其是跟視像綁在一起的短片：即使是觀看外地的新聞短片，如果你把注意力放在其背景聲音，你會留意到甚麼？甚至其他城市的交通實況直播，背景聲音又能告訴你甚麼？

但或許你有一個方法去感受異地的氣味：如果你於城市居住，你大可找找外國人開的商店、雜貨店。商店不只有食品和香料的氣味；其他日用品如肥皂、蠟燭等也會組成「氣味印象」。商店也可能無甚味道：「無味」也能說明不少東西，你想想看！

印象與現實

對異地的了解

怎樣才算理解一個他方？你覺得你認識自己家鄉嗎？（看畢首兩小時後，你還覺得認識自己家鄉的種種嗎？）

就算是土生土長，要知道一個地方的各種各樣、各個不同角落的特徵、各行各業、各個階層的生活狀況，也不是件容易的事；哪怕是一個大城市的市長或旅遊局局長，也不會知道該城市的所有細節。他或她能掌握的，是對該城市結構、系統、運作模式、特徵、角色、歷史，以及發展方向等較廣闊的了解。如果他們要發言介紹該城市的話，他們也必定能編出動聽的故事，說出市民日常生活的種種。結構、系統和運作模式這些較「客觀」的東西，我們於第五小時已經談過了；我們現在談談對一個地方較「主觀」的感覺和指述。

對異地的想像

請拿一張白紙、一支筆和世界地圖出來。把地圖放在你前面，然後閉上眼睛，伸出食指，在地圖上隨便指向一個地方。張開雙眼，把地方名字寫在白紙上，再花點時間想想，寫下你對該地的印象、認識，以及其他聯想。如果你要用十句說話去描述該地，那十句說話會是甚麼？你的腦海裏浮現了該地的甚麼景像、甚至氣味與聲音？

聯想與想像

對了，你的印象是從何來的？來自電視旅遊節目？來自電影、書本、新聞報導、報章雜誌？文學作品？廣告？來自你見過的當地人？是從一般地理知識的推斷？是你家鄉中以該地菜式作招徠的餐廳？或者是到過那個國家的親朋戚友跟你說的故事和見聞，以及從當地帶回來的物品、紀念品？西方國家便等於富有？發展中國家便等於貧困？南美州便等於亂？窮困地區的人便等於學識不高？美國便等於科研發展、創意產業發達？

不論一個國家給你的印象何來，印象都必定是「片面之詞」：不同的媒體，報導事物都有其立場和報導手法。即使是最「中性」的閉路電視，儘管能把一個地方的種種都不斷記錄下來，但它的鏡頭方向和取景地點已經是指定的立場和觀點。一個特別不愉快的經歷，可以令你對某一個地方起偏見，例如我便再沒有興趣重遊我十多歲時，在地下鐵站被數名小偷假裝擁擠，把我錢包扒去的某個東歐國家首都。一些你特別喜愛或令你好奇的人、事與議題，則可能令你對某國有「過度正面」的看法。所以聰明的我們，並不能盡信別人

別處對香港的想像

攝於中國寧波

所以這本書跟旅遊書和旅遊電視節目不一樣：旅遊書和旅遊節目向你提供有趣的資訊，而本書則教你如何自己去找資訊，以及發掘資訊背後的一些道理！

國杭州

給我們的印象，要努力思考我們的印象從何而來。例如旅遊書：旅遊書的作用，當然是為讀者介紹最好的旅遊景點，但「最好」的意思是甚麼？作者作推介時用了甚麼準則、有甚麼假設？有甚麼目標讀者群？舉例說，我便特別不喜歡一些相片特別多、色彩繽紛，但沒有提供景點歷史和文化背景資料的旅遊書。

說故事的紀錄、作紀錄的故事

人類是愛說故事的動物。每個人對一個地方的印象和描述都是片面，意思就是每個人都會憑自己的經驗、感覺、喜好等，組織起自己對該地的印象。好的旅遊紀錄，就是好的故事。每一個故事都有其內在邏輯，內容也必定經過剪輯，並不包括作者的所有經歷與想法。剛才我們以旅遊書作例，作者必須挑選一些讀者一般無法接觸、平時不會去想、不會有機會去經歷等的東西，又或者從新的、具啟發性的角度來介紹平凡的東西，才能吸引讀者。因此這些主觀的故事，卻又同時具代表性。但如何找好故事呢？我們待第十七小時再談；現在談談為一個地方作紀錄的文藝故事。

活動二

寫你自己的旅遊報告

重溫第一、二小時,但這次則嘗試寫下你自己的觀察與經歷、寫一些簡短而別人會覺得有趣的「旅遊報告」來。你會重點寫甚麼?有甚麼東西你會略過不寫?為何你覺得你寫的會吸引別人?你的視角,會跟其他人的有何不一樣?是因為你於你的地區成長多年,所以有特別的體會嗎?是因為你的年紀、興趣和看法都跟成人的有區別,還是有其他的原因?

順帶一提:我很喜歡看早期探險家的報告;從《大唐西域記》到《馬可孛羅遊記》、從十九世紀中法國軍官安鄴(Francis Garnier)於柬埔寨和寮國的探險紀錄,到二戰時Peter Goullart 撰寫的雲南遊歷記 Forgotten Kingdom,都在我興趣範圍內。他們如何憑自己當時的知識結構和價值觀等去了解陌生地方?他們又以觀察甚麼、報告甚麼為重?你也找找看吧!

我印象較深刻的成長故事，是一位俄羅斯朋友跟我說的（她倒是位優秀的科學家而不是作家）。她生於一個窮鄉僻壤，小時候家裏沒甚麼好吃的，家人便餵她吃酵母來吸收營養，以致她後來對跟酵母有關的食物都會反感：她一喝啤酒便會吐。

主觀的文藝故事，如描寫文和抒情小品等，為何能為一個地方作紀錄？為何能捕捉到一個地方獨特的精神面貌？你閱讀一篇關於家鄉的文章，或者看一套關於你城市的電影，也許首先關注的是內容，以及作者或導演的勾勒和紀錄手法。但作者的意念又從何而來？我們的成長經歷，都影響到我們的行為、思想、價值觀和美學等；即使是最具突破性、思想最獨立和敏銳的人（包括作家、導演與其他藝術家），也必定受到其身處的時空所限制。有一些本地東西，外來者就算已定居數旬也無從明白：它們不少都跟兒時記憶、母語、方言等有關。（我們在首小時不已說過，我們自己的文化和既有知識，是我們了解新事物與其他文化的基礎嗎？而我們的文化和知識，從小一直便累積起來，怎也擦不掉——即使我們長大後有機會在世界各地環遊生活，再也不歸家！）當然，當你在一個地方生活久了、認識深了，便更有能力去尋找不尋常的題材，也有廣大的人脈提供靈感和協助，去編寫好故事。

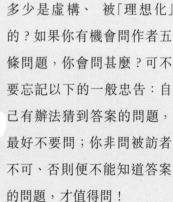

活動三

別人的紀錄
進一步研究

隨意挑一個國家，找部跟該地特別相關的一部小説、一篇敍事文章、或一套電影，例如以該地作背景的一套紀錄片、於該國某一年代發生的故事、對該國某些歷史事件的描述等。其故事必須描述或者改編自真人真事（所以例如科幻故事便不成了！）。閱讀或觀看前，盡量不要查看它的創作背景資料。（假如不少小説都以作品創作背景和作者簡介為序，而你應盡量不要看。）閱讀或觀看時則好好推敲一下其創作背景：作者大概是怎麼樣的一個人？作品的靈感來自哪兒？作品中故事的背景，跟作者自己的成長背景有沒有關係？為甚麼要創作這部作品？看過之

後，再想一想：故事有甚麼東西沒有告訴你？作者所捕捉的，有多少是真人真事、有多少是虛構、 被「理想化」的？如果你有機會問作者五條問題，你會問甚麼？可不要忘記以下的一般忠告：自己有辦法猜到答案的問題，最好不要問；你非問被訪者不可、否則便不能知道答案的問題，才值得問！

片面的印象

我們於第三小時已經說過,語言是我們思想的工具,而我們對外地的了解,都不時受到別人的用詞所影響。不當的用詞,往往會造成偏見和誤解,有些可說是有意無意的「扣帽子」,有些則是無傷大雅的名字遊戲:例如德國麻疹、香港腳、瑞士雞翼、星州炒米等,不是對地名不公平,就是與地名無關。 另外一種片面理解是所謂的刻板印象(stereotype):我們對事物或人物的一些籠統性的成見(如某某國家的人特別固執/刻板/納悶/熱情,某某地方的菜式特別單調,某某城市的人特別無禮等等。)我特別想起一張已廣為流傳二十年、題為「完美的歐洲人」的歐盟各國印象明信片;明信片有十多張圖畫,分別針對和嘲笑(二十年前)每個歐盟成員國的人民的性格特徵,指一個完美的歐洲人應「如英國人一樣善於燒菜、如瑞典人般具彈性、如芬蘭人般健談、如德國人般幽默、如意大利人般自我約束、如葡萄牙人般善於運用科技」等。每句當然都是反話:如芬蘭人一般便給人沉默寡言的印象,而德國人則是悶蛋刻板。這些印象可能不是完全沒有根據(如英國便真的不以出色的菜式見稱!),但可並不一定適用於該國的所有人(意大利的國家足球隊,便以組

德國麻疹最先由德國醫生發現,故得其名;香港腳這足癬病可並不是香港居民獨有的,也不源於香港;瑞士雞翼是個翻譯誤會,數十年前的一位老饕把甜醬雞翼中「甜醬」的英文 sweet sauce 聽作「瑞士醬」(Swiss sauce);而星加坡人根本沒有「星州炒米」這菜式,外地人把名字硬按上去的。杭州西湖不出牛肉羹、「湖南菜式」左宗棠雞也是臺灣的發明。你還想到甚麼名不副實的事物?

明信片「完美的歐洲人」。J. N. Hughes-Wilson 繪

織嚴密見稱,儘管意大利人不太「自我約束」)。印象很多時
候都是一個根據現實所塑造出來的抽象模型,卻不能吻合現
實的所有。印象當然也可以隨着年代的變遷而過時。所有的
紀錄都有其時限性:例如我2004年遊俄羅斯聖彼得堡時,
那兒的治安非常差勁(我和同行的好友,一天內竟三次給小
偷偷東西!),現在(2018年)該地治安卻好多了。

我們對遠方的想像,有時也跟刻板印象很相像。人類往往對
於陌生的事物有一定的想像,而這些想像到了資訊發達的二

十一世紀還沒有改變——即使大家都知道，這些想像帶有不少虛構成分。於十八、十九世紀，歐洲人對外擴張特別厲害，一方面蔑視非歐洲地區、並努力把它們納為殖民地，另一方面則對異邦的文化充滿好奇和想像。（那年代的文學作品，充分反映了這點：如果你在上一個活動中找過早期的探險報告的話，你也許已經知道這點了！）例如中國便是個滿布亭臺樓閣的異域（現在你也知道為甚麼國外的中國餐館，不少都以一些很醜陋的假亭臺樓閣作裝潢了！），而中東更是個色彩繽紛的神秘地區，一如《一千零一夜》故事描繪，是個滿布駱駝騎行隊和像阿里巴巴和亞拉丁般神奇人物的沙漠，廣闊而隱秘。這些意象漸漸也用以形容其他異地：既然「阿里巴巴」來自中東，「阿里巴巴」亦延伸變了「中東那兒附近」的代名詞：反正異地就是如此。一些名為「阿里巴巴」的餐廳，弄的可能並不是中東菜，我在香港便偶爾到過一所名為「阿里巴巴」的印度餐廳。你也可以想想，「阿里巴巴」科網公司的取名，不也很有意思嗎？

地道旅遊

我們到一個新的地方作深度旅遊，都希望能體會當地地道的風土人情，而不是去參觀一些專為遊客設計的東西。但「地道」一詞是甚麼意思？是當地居民做的吃的玩的，並不是專門為遊客而設的那麼簡單嗎？我到世界各地探朋友，偶爾聽見他們說，旅遊書／外地電視節目／美食導遊指南常常說某

《一千零一夜》這部阿拉伯民間文學經典的翻譯，便是於十八世紀引進歐洲的。

某餐廳是本地最好的餐廳，但只有你們外來人和遊客才會去的，我們本地人根本都不會去。這些餐廳也許非常懂得包裝來迎合遊客、有不常見的外文餐牌、菜式手工特別精緻、消費也不菲，但很多時候它們餐牌上的都仍是傳統菜式，而廚師也可能是當地較出色的，不能說餐廳的食物不地道。（「地道」豈不指有當地代表性的嗎？）不同地方都有其獨有的藝術表演（我們於第十三小時再詳談）；有些表演也許很有文化代表性、在該國家或地區的表演節目表上不可或缺，但觀眾大概以遊客居多（表演怎麼具文化代表性也好，本地人看得多的話也沒可能不看倦吧！）。以旅遊業為主要收入來源、充滿歷史名勝的地方，如意大利的威尼斯、秘魯的馬丘比丘（Machu Picchu）等，又有甚麼「地道」之處？「地道」這問題不容易找答案，但我提這概念的目的——一如本小時開首的活動——**是要你去想想，我們腦海裏異域文化的印象，是如何受到「二手資料」所塑造的。**

古語有云：讀萬卷書，不如行萬里路。萬卷書的內容可以很有代表性、很廣闊，但是看書卻只是單向活動，就是書本跟你說話，你並不能向書本回話。行萬里路卻是個互動的過程：你以第一人身分去感受理解新事物、去即時解決路上大大小小的實際問題、去憑線索、興趣與機緣去發掘外地文化，組織起你自己的故事。你會發覺，你的所見所聞，可能會跟通過不同媒體獲取的二手資訊很不一樣。

所以有機會的話，還是親自去旅遊好！

我立刻想到的是於捷克國家布拉格國家劇院上演、由國家音樂之父史麥塔納（Bedřich Smetana）寫的歌劇《被賣掉的新娘》（*Prodaná nevěsta; The Bartered Bride*），和越南首都河內的水上木偶劇團演出。前者是最重要的捷克文歌劇，也是首反映捷克獨立文化身分的作品，而後者則是越南的傳統藝術。前者是廣受外國遊客（布拉格是旅遊勝地吧！）青睞的節目，而後者的觀眾更絕大部分是手持相機、不害羞地把演出由頭攝錄至尾的外國遊客。

0800

飲飲食食

「民以食為天」

是句上好的中國話，也反映了中國人對食物的特別重視。
吃是人類基本需求之一，卻不分種族，也不分貴賤。如第
三小時說過，食物也是前人爭奪的最重要資源，所以我們
現在論吃。

四條古怪的問題

之前七個小時的活動都要求你先閱讀再做活動，或者是邊閱讀邊做活動；但這小時可不同了。我預備了四條奇怪的問題給你，希望你花點時間好好想想，之後才繼續讀下去。或許下文有些內容——亦即是我對這些問題的思考——你都已經想過了，那麼，就比較一下你的想法跟我的想法究竟有何區別吧！

1 **為何**有些地方的菜式特別吸引，而為何有些地方，雖然居民都覺得本土菜系並不太吸引、他們自己也常常吃外國菜，但總沒有發展起屬於自己的新菜系，而繼續「假手於人」？

2 **為何**有一些民族，如中國人、法國人、意大利人、西班牙人等，肯「浪費」那麼多時間於烹調和飲食上？他們還有時間剩下來工作嗎？

3 **有一些菜式**用現代營養科學的角度去看，十分不健康，但為何連醫生也不肯放棄去吃？

4 **你有沒有試過**到外地旅遊時，吃過當地食物而對其特別熱衷，除了買食譜打算回家煮之外，更覺得「工欲善其事，必先利其器」，買了當地特別的烹調器皿，但回到家之後，初期的熱情很快便退卻（即使所需食材並不難購買），最後你的異地器皿便淪為廚櫃裏又一件無用的雜物？

你思考過上述問題後，就讓我們一起討論吧。

美食大國

一、為何有些地方的菜式特別吸引，而為何有些地方，雖然居民都覺得本土菜系並不太吸引、他們自己也常常吃外國菜，但總沒有發展起屬於自己的菜系，而繼續「假手於人」？

全世界最流行的是甚麼菜？有甚麼餐館（我可不是說快餐館！）是走到世界不同角落也不難找到？我猜想有三，分別是中國菜、法國菜和意大利菜。（你可以到世界各地不同的飲食網站去求證這點，看看我有沒有說錯。）

例如近年在英國紅極的明星廚子 Jamie Oliver，也去搞意大利菜館。

為甚麼這三種菜色特別流行呢？我們一如第三小時，先拿一幅簡單的地圖去研究研究。先說法國菜。法國是歐洲的一個大國，亦有着得天獨厚的地理環境：西面的大西洋海岸線，為她帶來了各式各樣的海鮮；她的東南面則毗鄰氣候遠較和暖的地中海，其所供應的又是另一種類的海產。羅馬人也把釀酒文化帶到法國。意大利呢？意大利多變的地勢——從北方阿爾卑斯山南端的滑雪區、釀酒區一直到被比喻為北非沙漠般乾旱的南方「靴踭」（意大利地形如靴子）——一直為她帶來偌大的區域差異；到了現在，南北仍儼如兩個不同的國度，南方務農、生活簡樸，北方則是工商重地，長期跟歐洲

大陸各大國聯繫密切，文化上跟她們交流要多。至於中國？當然也是地大物博；不同的地理環境為我們提供了各式各樣的食材，品種豐富，且隨着季節變化。農曆和節令在中國仍萬分重要，不是沒有原因的。

可是原材料豐富並非充足的解釋。以澳洲和美國為例：澳洲是個四面環海的國家，漁獲也豐盛；而美國既有兩旁的大西洋和太平洋，也有放牧的大平原、廣闊的玉米田等。可是客觀分析，這兩個國家的菜式主要也只是用新鮮材料作標榜，烹調技術沒甚麼特別。中國、法國和意大利卻都是古老大國，她們的民族在悠長的歷史裏沉澱了許多烹調的方法，令周邊的國家跟着學習(譬如你到了中亞洲國家，會常常見到 "Lahmen" 這食物名稱，就是中國傳過去的拉麵)，而她們的人民移民外國時，也把家鄉的烹飪傳統帶出國，再因應當地的食材供應、生活習慣等作調節(美式意大利菜就是這樣演發出來的)。中國以農立國，造成了相互合作、相互關照、家庭和親戚觀念很重的一個文化，一天辛勞後還不是最期望家人團聚的那一頓飯？「巧婦難為無米之炊」，有米炊的話，心思便來了。

長途出海的海員，便非常依賴這兩種處理食物的方式。航海食物運輸偶會帶出意外驚喜，你可查查印度淡色啤酒（India Pale Ale）和漢堡包的歷史。

一個地方沒有代表性的菜系，首先可能源於先天資源的缺乏。例如俄羅斯版圖廣闊，但因緯度北、天氣冷、食物資源少、且人口密度低，所以相對而言沒有發展出豐富的菜式來（俄國宮廷於1812年俄法戰爭之後，也開始崇尚上等優雅的法國菜）。天氣冷，花費能源於煮食上豈不奢侈？（所以即使到了現在，在較為貧窮的地方，烤箱仍一物多用：除了煮食之外，熱力還作取暖、乾衣服等用。）有沒有新鮮食材，對菜式發展十分重要。在冰箱這個偉大的貯存食物方法發明之前，保存食物是一個很大的難題：煙燻和鹽醃便是古人依靠的兩種保養食物方法。然而經煙燻和鹽醃製過後的食物，已失去了鮮味，烹調的變化已經受限制，又怎能成為美味菜式的基礎呢？

耗時的飯局，與傷身的菜式

二、為何有一些民族，如中國人、法國人、意大利人、西班牙人等，肯「浪費」那麼多時間於烹調和飲食上？他們還有時間剩下來工作嗎？

三、有一些菜式，用現代營養科學的角度去看，十分不健康，但為何連醫生也不肯放棄去吃？

我們有很多生活習慣傳統，是歷史遺留下來的「問題」。社會的演變是有機的、一體的，但發明是因應當時的社會條件而作的。因此我們並不能以現今的尺度去量度古時留下的某一樣東西。例如古時的人沒有電燈，是真正的日出而作、日入而息，晚上沒電視看、沒手機玩，生活步伐都很閒適。「沒時間做事」這個概念，出自現代「二十四小時運作」的社會模式。我們看看西班牙的例子：西班牙人以吃過午飯後來個一兩小時的午睡 (siesta) 而聞名，到了九點才會開始吃晚餐。這個習俗的源起是該國天氣太熱，烈日當空戶外工作來得辛苦。經濟活動模式雖然改變了作息規律的需要，可是改變也是長年累月慢慢產生、而不是瞬間出現的；相反，要突然改變作息規律卻是個不容易解決的結構性問題。試想想，取消午睡時間、提前吃晚餐的話，會為社會帶來甚麼衝擊？至於「菜式不健康」，也是歷史遺留下來的「問題」。例如用內臟作材料，現今醫學證明內臟的膽固醇含量十分高，多吃對身體不好。可不論古今中外，內臟都是廉價的食物，從前的窮人吃不起價格高昂的上等肉，便找內臟來當食材，更花盡心思發展出不同的菜式來（如客家焗魚腸！）。以前物資並沒有科技發達的現在那般豐盛，內臟菜式可不是多項美食選擇之一，而是果腹之物；勞動階層的運動量，要比每天躲在辦公室做事的現代人高很多。可是一旦成為飲食習慣的一部分，便不容易改掉。

西班牙南部安特魯西亞省 (Andalucía) 著名的 Gazpacho 雜菜凍湯也本來是窮人菜，但因為對身體健康，近年竟搖身一變成為流行菜式（尤其對在辦公室上班的人士而言！）。這種飲食潮流轉變，也說明了飲食文化會跟着社會條件而變遷。

食客習慣是很費工夫轉變的；你試過減肥便知。

你可否花點時間找找其他「由給富人變成給窮人」和「由給窮人變成給富人」的食物？

對外地美食的三分鐘熱度

四、你有沒有試過，到外地旅遊時，吃過當地食物而對其特別熱衷，除了買食譜打算回家煮之外，更覺得「工欲善其事，必先利其器」，買了當地特別的烹調器皿，但回到家之後，初期的熱情很快便退卻（即使所需食材並不難購買），最後你的異地器皿便淪為廚櫃裏又一件無用的雜物？

近十年常常榮膺「全球最佳餐廳」榮譽、位於丹麥哥本哈根的餐廳 Noma，便以採用最合時令的食材見稱。

現在有數家法國公司推出生鐵版本，定價非常昂貴。生鐵版本也許更耐用，也體現了原來設計鎖住水分的優點，但我覺得就是沒有了原先設計的味道。

我的鍋沒多久便被我弄破，這也歸咎於香港跟摩洛哥生活環境的不同。香港家庭習慣（也因氣候問題需要）食用後立即清洗器皿，而我一次用餐後便記不起 tagine 用陶製，慣性馬上開水龍頭用冷水沖洗鍋底，而不是先待它慢慢散熱。熱熱的鍋底突然碰到冷水，立刻破裂為二。

這條問題答案十分簡單：烹調方法與食材是一個互動，而菜色跟環境亦是一個互動。即使是同一種食材，不同地方的古人也研發出不同的菜式出來，而一個明顯的原因是氣候。常聽老饕說「不時不食」，這格言並不只是古人的智慧，也是過往古人弄食物的唯一方式。外來的菜式，根據當地的時令季節來研發，不一定適合本地。

我曾經從摩洛哥帶了一個叫 tagine 的陶製尖塔蓋煮食鍋回家；這個器皿的底部是一個淺鍋，食物煮完之後可以直接上桌，而尖塔蓋內部則呈半球拱形，令煮食時的蒸氣凝結、鎖住食物水分。用這個器皿燒的菜式（也叫 tagine），一般會包括一些蔬果（以蕃茄最為流行），用低溫（傳統上是炭火爐）慢慢煮。為何有這樣的器皿設計和這樣的菜式？因為處於北非的摩洛哥天氣乾旱，並不是個水源充足的地方，這個器皿則可以盡量利用食材自身的水分來煮食。我家雖以火候較接近炭火爐的煤氣爐而不是電爐來煮食，但熱力傳遞已跟炭爐不一樣。煤氣爐的結構令我沒法真正用慢火煮食；而且香港生活節奏快，煮食也有很多省時的好方法，所以我慢慢對弄 tagine 的興趣越來越低了。

活動一 菜式與地理

在互聯網找也好，到外國餐廳找也好，找兩道你並不認識的菜式，先想想為何菜式會在發源地發明及流行起來。跟當地的地理有甚麼關係？為何採用這般烹調方法？再找資料求證。

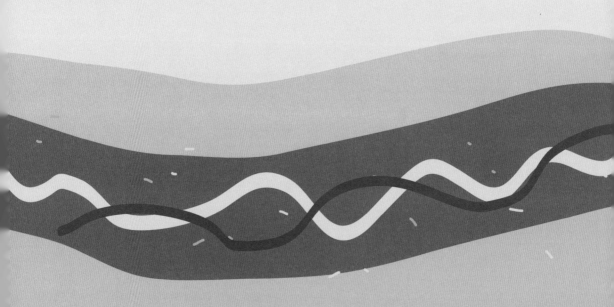

食物的種種故事

食物菜式可以向我們說出不少故事，包括地理資源、風俗習慣和國際貿易。說這些故事（大多有強烈的歷史性）的中外書籍越來越多，從世界聞名的俄國魚子醬，到臺灣大街小巷的美食，我古靈精怪的藏書都教曉我不少東西。可我們在本書中感興趣的卻不是個別故事，或以個別食品或地方為主題的故事，而是大道理，如食物跟本書其他小時裏討論的主題的關係。我現在再給你四條思考題，讓你再繼續探索；但我這次不會跟你討論答案了，只會偶爾給你一些小提示。到了現在，你對如何思考和找答案，都應該有一定的掌握吧！

I. Saffron, *Caviar* (New York: Broadway Books, 2002). 舒國治，《窮中談吃》（臺北：聯合文學，2008）。

◆ **別緻的菜名：**中菜肯定是全世界最多有趣菜式名稱的菜系。從北方的賽螃蟹，到四川的螞蟻上樹；從南方廣東的油炸鬼，到雲南的大救駕，到處都是比喻和掌故。沒螃蟹吃的地方，發明出質感似螃蟹肉、以蛋白為主的菜式；筷子夾起有黏着肉鬆的粉絲，肉鬆看來便像在樹上爬行的螞蟻般。油條叫作油炸鬼，是油炸檜的諧音，咒詛南宋奸臣秦檜夫婦（油條也許一條一條的吃，卻是一對一對的炸）。南宋首都、現在的杭州，也有另

一碟菜式叫「蔥包檜」，反反覆覆壓着煎，同樣在咒詛秦氏。而大救駕呢？只是一碟急急弄給走難皇帝吃的小炒。為何中菜中特別多別緻的名稱？跟中國文化和歷史背景有甚麼關係？外國的菜式有甚麼奇名？哪國家的菜式奇名又比較多？（你可以嘗試找找「以音樂伴奏的芝士」〔Handkäse mit Musik〕和「舊衣裳」〔ropa vieja〕是甚麼！）此外，有甚麼以人物命名的菜式？

◆ **分量之差異**：意大利粉（中國內地稱之為意大利麵）在不同的地方，分量可以極為不同。在傳統的意大利餐廳，意粉是「第一道菜」，分量並不大，因為之後還有肉食作「第二道菜」。一般在外地，意粉卻是主菜，分量也相應增加。而我出遊時最深的「飲食記憶」之一，是在巴西聖保羅一所有名的意大利餐廳吃意粉。我和我的朋友每人各自點了一碟意粉，還在驚訝意粉為何那麼昂貴。只見上菜時意粉分量大得驚人，一碟兩人都吃不完，環顧其他食客，才知他們一碟意粉竟分給數人食用！為何同一道菜式，在不同的地方，一般的分量可以相差那麼大？跟當地的一般飲食習慣有甚麼關係？你又找不找到其他菜式分量不同的例子？

秘魯首都利馬（Lima）一所中國餐館（當地叫 Chifa）的蝦餃燒賣，每隻都幾乎像拳頭般大（比較茶杯跟蝦餃燒賣的大小）。

順帶一提，不少人以為
是俄羅斯國菜的羅宋湯
（「羅宋」即俄羅斯！），
其實來自烏克蘭。

◆ **大家族：**語言可分為不同的體系，菜餚也可分成不同的菜系。你猜菜系是怎樣形成的？菜系的「邊界」是否固定？有一些菜系，常常被人「綑綁式」提起：例如香港流行的「星馬菜式」（星加坡與馬來西亞菜），又或者知名的美食叢書Culinaria把俄羅斯、烏克蘭、格魯吉亞、阿美尼亞、阿塞拜疆菜輯成一書。這些綑綁，究竟是為了方便的主觀分類，還是根據客觀條件而作？菜系背後有沒有固定的「文法」？現在物流比從前發達得多了；你覺得哪些菜系、以及菜系的哪些成分，會最容易因此而受衝擊改變？此外，有甚麼差不多的菜式在不同的菜系中出現？（一例為中國的水餃、格魯吉亞的khinkali、波蘭的pierogi、「意大利雲吞」ravioli、「德國的ravioli」Maultaschen 等。）它們「同」和「異」的原因是甚麼？

◆ **意想不到的食材運用：** 隨便挑一些食材，寫下它們的典型烹調和食用方式。之後再想想，這些食材的特質是甚麼；換了環境（包括天氣）的話，可以如何烹調？此外，有一些食材，不同的地方有不同的品種，質素和烹調方法差別也可以非常大。如生產魚子醬的鱘龍魚，在俄羅斯是珍貴的食材；我也曾經付過不少錢，在美國吃當地人工養殖的煙鱘龍魚。可在臺灣中部，找鱘龍魚餐廳並不太難，烹調方法也跟把鱘龍魚「發揚光大」的俄國不一樣。是甚麼原因？你嘴饞的話，也去研究一下吧！

草莓只供生吃或用來製作果醬嗎？於西班牙首都馬德里附近的皇宮城雅蘭胡斯（Aranjuez），夏天卻有草莓凍湯；西班牙還有杏仁湯，而匈牙利則有蘋果湯。杏仁和蘋果可不一定是配料，也可以是主角！

房屋與建設

擇地而處

不知道你有否當過童軍？如果有的話，你大概已經試過在郊外露營，對如何挑選合適的營地有一定的認識。但不論你有沒有當過童軍，也請你想想：挑露營營地時應該考慮甚麼？此外，再想想另一條問題：假設你要在一個陌生的地方當一晚街頭露宿者，身上並沒有甚麼設備，你會找甚麼樣的一個角落睡覺？

兩條問題的目的，當然都是想你花點時間去研究，人類如何尋找合適的居住環境這問題。當然兩條問題很不一樣：在大自然找地方暫住，和在城市裏在毫無資源的情況下求生，情況很不一樣。但最基本的考慮都離不開安全（不論是郊外的野獸，還是城中的警衛和流氓！）、舒適（你不會找特別大風的地方去紮營或露宿吧？）和周邊有可用的資源（露營的話，最好附近有水源和可以生火的乾木；要是街頭露宿的話，最好附近有公共廁所供梳洗清潔、附近容易拾到別人棄用的物資、有機會找到善心人捐出的食物等）。

地方資源，我們第三小時已經廣義、宏觀的談過了；現在談的是微觀的地方資源管理，就是居住。兩者當然是一個互動：你看中國中部有不少包括了「陽」字的地名，如朝陽、安陽、漢陽等，都是古地。包含「陰」（即「陽」的相反）的地名，卻十分之少，為甚麼？因為古人（大都居於現今中國中、中北部的「中原」）都喜歡聚居於陽光較多的地方，是人類適應環境的好例子。你幻想一下，在沒有現代科技的條件下，古人如何擇地而處；他們要適應環境，會考慮甚麼因素。

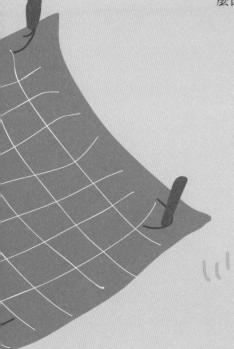

活動一　任建新居

在一個陌生的國度裏，送你一個面積達一千五百呎的新家居，形狀任由你想像，隨你喜歡放多少道牆作間隔，亦送你五扇窗和一道大門，間隔門的數量也隨你需要而安排。有水源兩處，也可安排電源。如果你的新家居只能放八件大型物品（即包括傢俱、電器和其他設施），也容許你放五件小東西（如毛巾或洗臉盆等），你會挑甚麼？新家居附近沒有任何極端的天然危險，所以你不需要去想獵槍、雪鏟、用來防蛇的硫磺等。你也可以把你的新居設計畫出來。

安家的種種考慮

以上活動是全書中唯一一個無可能做得到的活動，我向你保證。

你是否覺得任務不切實際，想像空間越大，反而越難想？原因很簡單：我沒有告訴你新居所處的地方和周邊環境。該地的天氣，你不知道。日夜溫差、相對濕度等，當然都對你的設施安排很有影響：食物是否非常容易變壞，決定你對儲存食物的需求和廚房的設計，而窗戶放在哪兒，當然也跟光線條件有關。附近有甚麼設施和資源，也影響到你家居布置的需要：誰說居所一定要有浴室？如果潔淨的大浴場（甚至溫泉）就在你家隔壁，你何不騰出建浴室所需的空間來作其他用途？如果你心目中的家居在繁忙的城市裏，附近都是提供健康美味兼快捷菜式的餐館，你也未必會建廚房。如果你住在郊區，則可能覺得有需要設置一個儲存雜物、包括園藝和務農工具的小倉庫。（當然，你也有可能在思考問題時，就上述條件作出一些假設，如新房子在你家鄉城市等）。活動一方面說明了建築（包括室內設計）和社區跟周邊環境分不開，另一方面則說明了現代城市居所的「廚房、浴室、睡房、客廳、飯廳、陽臺」典型設計雖然流行，但並不是死板的居住標準；世上還有許多地方的居所並不遵循這「公式」。

我在烏茲別克斯坦跟本地人一樣
坐在tapchan上喝茶進餐。

活動二

本地罕見的　傢俱電器

我最喜歡的外地傢俱之一，是在中亞常見、名叫tapchan的大木臺。在其上放上地毯和枕頭，可以用來當睡牀；放上茶几，則可供多人茶聚。然而這種獨特而體積甚大的傢俱，即使在較大的他國房子也不常見。為甚麼？尋找一些你未見過的外國傢俱，並研究一下它們為甚麼不適合本地。此外，東亞洲國家大都流行小型家庭電器、用品和小廚具；這些小玩意，在歐美國家少見得多了。為甚麼？

古董 tapchan

室外、室內與大環境的相互關係

你上網看看不同國家的商店食店鋪面，可能因為它們跟你在家鄉見到的很不同，而感到奇怪。如果你走進這些店鋪與餐廳等，也許更會覺得奇怪：為何店內設計這般簡陋（或複雜、或笨拙、或故弄玄虛、或不修邊幅、凌亂不堪等等）？為何店鋪可以這般空曠，只兩三個靠牆大櫥窗櫃便是，或餐廳可以簡陋得只四幅灰牆五張長桌一排破木櫈，但仍有大量客人光顧？是這些餐廳和店鋪特別不愁沒生意做，或者是出於實際需要（例如因氣候或衛生配套關係，空曠簡陋才更容易打理）？同樣道理，住宅的室內設計與傢俱、家庭用品的裝置，都是一個與社區規劃、經濟、發展模式和階段，以及居民價值觀相連的互動。不是說只二十年前，是個沒有智能手機、互聯網也只剛開始流行起來的年代嗎？那年代上網既不便宜，也不容易，我們要上網的話，都要去網吧（而網吧也常常販賣飲料等），而街上也有不少的電話亭，供有需要在外打電話的人士使用。我數年前也竟在哥倫比亞的一個河畔小鎮的街頭，見到一臺看來是讓人租下拿回家用的出租洗衣機！

可不要那麼笨，只把外國國家名字和「鋪面」（shop front）當作關鍵字放在搜尋器找便算。你有很多古靈精怪的方法，包括查看網上地圖能提供的街道實景等。

哥倫比亞 Mompox 鎮一臺出租的洗衣機。我猜想它是給人租去拿回家用的，因為街頭並沒有水和電的輸入。我這樣猜也許不一定對，難道洗衣機不能是供出售的嗎？或者洗衣機只是一個「活廣告」，吸引人去打寫在上面的電話去買新的洗衣機？但後者不太可能，因為洗衣機看來仍新，只當廣告的話，在那時算窮困的 Mompox 來說太浪費了；而若是出售，應該不會寫上醜陋的電話號碼。無論如何，知道真相不是最重要；最重要的是要去想，你大概之前沒有想過在街頭出租洗衣機，但其實真的沒有可能嗎？

攝於 2010 年 12 月

再說一個社區與室內互動的怪想。亞洲城市如東京、香港等，給不少外國人的印象就是異常擠迫、人都住在高樓大廈的小房子裏；其他國家城市的高樓大廈住宅，地方相比之下大得多。而亞洲人到了歐美，都想為自己抱不平：自己在亞洲小小數百呎住宅的價錢，在外國郊區可以購買到帶大花園的整棟房子了，生活水平會高得多。甚至乎如果你能把外國一些較為落後的市區房子，例如柏林東部Lichtenberg和Marzahn區於東德時期興建、千篇一律、毫無設計美學可言的公共房屋（稱為 Plattenbau，下圖）「遷移空降」到一些人口密集的大城市（如香港），那麼窮房子則立即能變成豪宅！為何一些地方的「窮人」，居住質素可能比另一些地方的「富人」高？除了第三小時和本小時談到的地理局限為主之外，當然還有社會經濟結構的理由。

既然之前給了你一個沒可能完成的活動，現在應還你一個可以完成的活動作補償。

活動三 窺外想內

別人家當然非請勿進（尤其是在外國外地，當你不知道當地規矩時更要當心！），但通過觀察外牆，你又可否把一幢樓宇的室內間隔理出點頭緒來？窗子的設計告訴你，甚麼房間在哪兒？單位與單位之間如何分隔？房子的採光如何？跟房子所處地和附近的街道與設施配套等有甚麼關係？房子的設計出於細心考慮，還是短時間內建成的？（你要查證房屋布局的猜想，大可到房地產公司網站查看房屋圖則！）

城鎮社區的無窮變

為甚麼城市的中心會隨着年代移位？很多歷史古都最古老的地區、包括從前的政經機關，都不再是現在的市中心。不少村莊和城鎮，隨着歷史演變而被荒廢；而人類對大自然的控制，隨着科技的發展而慢慢增強；建築受地形地勢的影響慢慢減低，而城市的規劃和規範性則越來越強。德國的曼海姆（Mannheim）和美國紐約（曼哈頓區Manhattan）都是規劃城市的早期例子；兩者的街道都橫直排得井然有序，如紐約曼哈頓的南北向馬路，從東至西便是第一至第十二大道，而東西向馬路，也從南以北排了第一至第二百二十街，每街也分東段西段；紐約歷史上較新的布朗克斯區（The Bronx），也採用了南北街道號碼命名系統。第三小時提及過的現今巴西首都巴西利亞，更是「人定勝天」的城市規劃範例。該城（或者其他地方的新社區）如何規劃，相信你也知道有不少研究，有興趣的話不妨找找看，但你找之前也不妨想一想，一個理想的地區（或城市、或首都），究竟需要甚麼？中世紀的歐洲城鎮（也就是現在歐洲大城市的古城區），絕大部分都有教堂、市政堂、市集、「大街」或「高街」，以及城牆；近二十年發展的城市新區，差不多必定納入規劃當中的，卻是超級市場、商場建築、醫院學校、運動場所等。隨着近年小型電器的普及，一些商店（如上述的網吧）和公共設施（如上述

上世紀初，一些歐洲城市的人口突然急速增長，實而不華、節省空間的房子（尤其是多層房屋）也隨之增加。這些實用的房子，也需要有實用和大量生產的價廉傢俱為配套，於是產生了例如「法蘭克福廚房設計」等工業式家居設計。現在流行、組裝容易和價格相宜的宜家（IKEA）傢俱，也許可說是這個發展的傳人。

的電話亭，和再之前所述的公共浴室）都被取代。可現在一個社區，究竟仍需要甚麼公共設施？

近十多年也特別流行着改變樓宇用途這概念。不論是前言所說的地下停車場和戲院改建成書店，還是星象廳改建成音樂廳（於德國杜塞爾多夫），或不少地方的廠房和工業區改建成文創發展場地，都是改變樓宇用途的出色例子。所以當你旅遊時，或許會為一些看來荒廢了很久的頹垣敗瓦（可達數十年，甚至更久！）而感到驚訝，它們不是有巨大的改建潛力嗎？然而改造一個地方，往往有很複雜、包括各種社會和經濟因素的考慮。現在我們轉轉話題，説説新舊建築的交替。

此城的名字也有趣，直譯為杜塞爾村，即環着杜塞爾河（Düssel；一條小河）而建的一條村（Dorf）。

新舊東西的落差

每到一個地方（甚至乎在家鄉），都可找一些舊的建設和房子，與新的對比一下。下一小時我們會詳細談交通，但一個新舊對照的好例子是火車站（或地鐵站）。為何舊時的火車站，設計往往比現代的要豪華？因為火車從前是富人坐的，跟很多其他公共設施一樣，其定位都是隨着時間而逐漸大眾化。為何在香港，有些歷史悠久的學校，外牆用的石頭那麼矜貴？此外，舊的東西如果跟新的看來特別格格不入，也顯示該地方的發展，可能是充滿衝突和矛盾。

為何有些地方，古蹟保存得特別好？你到歐洲旅行，大都會有機會遊覽一些古城，有些甚至自中世紀起便沒有甚麼大改變的。是當地人特別有文化嗎，還是有其他大大小小的因素？

在我長大的香港，跟中國南方的其他地方一樣，氣候異常潮濕，建築物的木頭較快被蛀壞。有些地方沒有保留着甚麼古建築，原因當然是戰爭。但有些地方雖然受過戰火的蹂躪，當地人卻矢志重修舊建築：於二次世界大戰幾被夷為平地的德國城市德累斯頓便是最明顯的例子。建新房子不是比重修舊房子為方便、快捷，甚至相宜嗎？為甚麼當地人寧願修復舊屋？文化傳承當然是一個重要的原因，但古建築得以保存的地方，基本上都沒有太大的改建壓力：例如住屋需求沒有顯著的膨脹。我年青時跟加拿大同學到英格蘭北部的約克 (York) 旅遊；約克城至今還保留起一大段古羅馬城牆。我們到城門博物館參觀，跟博物館內兩位談吐有禮、有教養的當地職員聊起天來。他們在談論一項城市發展項目，建築過程中發現了一截「阻礙」着發展的古城牆，並表示應該拆毀該段城牆以利新建設。聽到他這樣說，我和朋友都異常驚訝，在英國這般具文化氣息的國家，竟然對保育這般沒所謂。然而也許我和朋友都成長於「新發展」的地方，家鄉並沒有甚麼古蹟，所以才有如此反應。為了發展而拆毀舊建築，在歷史上多次發生，但並非一定沒有其理性原因。

不知三十年後，我們又會推倒多少幢現存的房子？

1000 交通運輸

特別有效率的交通系統

亞洲城市，包括相對來說經濟沒那麼發達的亞洲城市，一般給外國人的感覺是交通出奇地方便。比較富有的城市如香港、東京、新加坡等，地鐵和巴士網絡都四通八達、車費廉宜、班次既頻密，又出奇地準時。(可是在倫敦、巴黎和柏林等這些歐洲國家首都，地鐵班次要疏得多了，且還不時誤班和故障，所以英法德旅客第一次遊亞洲城市時大都驚嘆當地的地鐵如此可靠！)即使在沒有地下鐵、或地鐵系統尚未發展完善的城市，交通網絡亦同樣廣泛：巴士、小巴和合租的士(是甚麼來的？不懂的話，找找資料看！)等覆蓋面都令人驚訝。為甚麼？

原因是交通乃社會活動的一大支柱。衣食住行，「行」雖然排最末(為甚麼？)，但也是日常生活的基本需要之一。交通不方便，經濟活動便頓覺困難：若然每一次購物、去郵局、去銀行等瑣事都需要花一兩小時在交通之上，你還有甚麼時間辦理「實在」的事務？但你一定會反問，歐洲美洲很多地方——不只是小鎮，還包括很進步的城市——交通也不及其他城市方便，為甚麼？為甚麼當地人願意耐心花時間等車？因

研究交通路線圖是我娛樂之一。這些路線圖大都可以在相關交通運輸機構的網站下載。下述兩本書則分別為世界地鐵地圖集和世界鐵路地圖集。通過後者，你更可以看到有些國家的鐵路網隨着時間萎縮，而不是擴大。你猜是哪些國家？

M. Ovenden, *Transit Maps of the World* (London: Penguin, 2015).

M. Ovenden, *Great Railway Maps of the World* (London: Penguin, 2015).

為經濟活動、生活方式與交通系統都緊扣互動着：亞洲城市，一般人口密集；如果交通系統不可靠，便不能有效疏散人流，導致社會秩序大亂。(你隨便在網上搜尋器輸入一個大城市的名稱，加上「公共交通系統故障」，看看找到甚麼。)在亞洲，公共交通工具班次一般較頻密，而交通費也相宜得多，這都是人流問題(流量大、載客率高，公司便可「薄利多銷」；交通工具的平均維修成本也因交通工具數量之多而下降)。相反，歐洲城市一般人口密度都不高，每個車站服務的人數都相對少。當交通不是那麼便捷，時間安排便需要更妥善，而錯過一班車的代價亦更高。

活動一

交通癱瘓的後果

隨便挑一個你不太熟悉的城市，看看其地圖（參考第三小時的進階活動），和了解其基本數據如人口等。想一想，如果該地一種交通系統突然中斷（隨你挑哪一種），會為當地人帶來甚麼影響？影響大還是小？長期中斷又如何？該地可以採用甚麼替代方案？你也可以隨便換換城市和交通工具去想想，也可以想想地區、甚至國家，而不只是城市；當然也可以是你的家鄉。

可不是說笑：2010年冰島火山爆發，基於安全考慮，民航飛機被迫停航多天；香港於2003年受非典型肺炎疫症影響，有些來往香港的國際航線亦被取消。

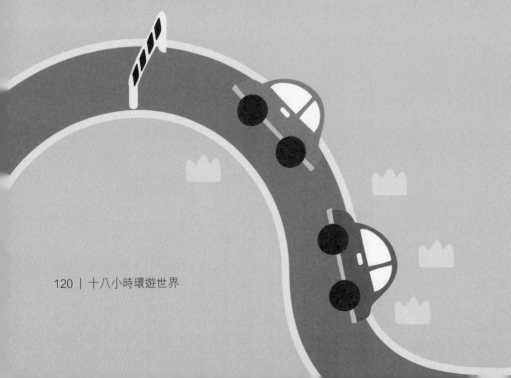

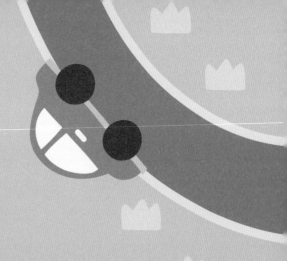

活動二

外地交通方便嗎？

我們心目中，對搭乘不同交通工具的價格，和交通工具的舒適度要求，都有一定的既有想法，也當然跟自己熟悉和習慣的有關。長途巴士，對來自生活節奏快的地方的人可能是折騰，但在南美州，長途巴士既便宜又相當豪華，椅子都可以像飛機頭等艙位般闊。我於06年坐了二十多小時火車從廣州到雲南昆明(那時候中國還未有高鐵)，以為只有比較窮的人才會那麼浪費時間坐火車。與旁邊乘客交談，才知道他們都是因為買不到飛機票才坐火車！(現在中國的航空和鐵路網都進步得多了。)你可找找，外地不同的交通工具相對價格、舒適度、效率等如何？某交通網不發達的話(例如美國的鐵路系統！)，為甚麼不會去改進？

聰明的工程：交通工具

交通工具的目的，當然是把人從一處帶到另外一處。在香港，常見的交通工具包括地鐵(在臺灣叫捷運)、巴士(在中國大陸和臺灣叫公共汽車或公車)、的士(在中國大陸和臺灣也叫計程車)與小巴，這些都是一般大城市所流行的交通工具。它們能滿足大城市的需要：地鐵覆蓋面廣、班次可靠、且能運送大量人口；巴士則能穿街插巷，雖然受地面交通情況影響，但車站更密集更方便；而小巴和的士則更具彈性，前者能服務人口特別小或特別偏遠的地區，而的士則隨傳隨到，且不受特定的路線限制。不過香港也有三種並不是每個大城市都有的交通工具，分別是渡海小輪(世界著名的「天星小輪」)、沿香港島北面行走的電車以及攀上太平山頂的山頂纜車。當然，到了二十一世紀，它們都已不再是主流的交通工具，除了便宜的電車之外，另外兩種的乘客都以遊客居多，其文化歷史價值遠遠超過了實用價值。然而它們卻曾經是主流交通工具，用以解決創辦時的一些特別的交通難題：香港的第一條過海隧道要到1972年才建成，之前要從維多利亞港的一邊到另外一邊，不從水路走不成。山頂纜車呢？山頂纜車出現之前，上太平山山頂的道途一定十分崎嶇顛簸；纜車解決了快速上下山的需求。

交通工具是因地區的需要以及實際條件而建設。就以雙層巴士為例：雙層巴士比單層巴士載客量大得多了，可是並不適用於每個人口密度高的大城市。為何在臺灣城市裏見不到雙層巴士？因為一般道路比香港狹窄，且天橋和房子都比較矮，雙層巴士發揮空間有限。相反，在歐洲和美洲的一些大城市，你可以找到一些單層的兩截巴士，就像兩卡車廂一樣。為何香港沒有？因為長，不方便轉彎！你看看外國用這種巴士行駛的路線，一般都是大馬路，不需左穿右插的。

現在我帶你去參觀兩種非常獨特、且仍是主流的交通工具，以及兩種有趣但不常見的交通網絡設計與安排。

不平凡的交通工具……

南美國家智利有一個很漂亮的港口城市，名為 Valparaíso，當地人簡稱這個城市為 Valpo；我們就叫她作維普城吧。維普城雖然是個港口，但也靠山，那當地人怎麼來回海岸線和山上呢？他們在山邊的橫街窄巷，安裝了大大小小的「升降車」（ascensores），就是很短途的上山纜車。這種升降車有何好處？老城區的屋子擠得密密，路也狹窄，行人走路好不艱

Valparaíso 的升降車

難；設置大量點對點的上下山坡通道便見得十分實際。短短的路程和不高的載客量，更容許升降車頻密穿梭；且沒有乘客時不用按着班次表白開，看見對面站有乘客才開車過去也不遲。可是如果老城區現在重新規劃，對這種升降車的需要便可能沒有那麼大了，因為屋子大概不會起得那麼密密麻麻，也可能會先有系統地規劃馬路和扶手電梯作配套！的確，現在升降車也逐步給淘汰了。

第二種獨特的交通工具在德國杜塞爾多夫附近一個叫Wuppertal的城市。

Wupper是一條河的名稱，而Tal是河谷；顧名思義，Wuppertal就是一個山谷滿布的地方了。此鎮有全世界獨一無二的懸吊輕鐵系統：鐵路的路軌並非一定要放在地面讓列車在其上開行，也可放在天空上讓列車掛着行駛！你現在一定會問：那為甚麼花那麼多錢搞懸吊輕鐵，而不簡簡單單建立吊車系統便算？這個當然要看人流：吊車的載客量並不高，很難當大眾的運輸工具呢！

以 "Tal" 作結的德文地方名不少，而 Wuppertal 的輕鐵設計又跟這個結尾字有關。你猜它是甚麼意思？

Wuppertal 的吊車

活動三 交通如何改變社會

交通可以改變我們對空間的感覺。實際距離與心理距離，有時很不一樣：我們可能很羨慕歐洲人一般都能周遊列國，只因為對於我們來說，出門是件大事；但歐洲國家面積小，不消數小時便能到鄰國了，週末在外國渡假又有何稀奇！你若拿世界任何一個地方的地鐵路線圖，跟地方的實際地圖相比，都會發覺是不合比例的。你想想地鐵通車前需要用其他交通工具、花很久才能去得到的地方，通車後對沿線社區帶來了甚麼不同層面的改變？

……與不平凡的交通網絡安排

中國大陸有很多城市，都有一環路、二環路、三環路等圍城公路，都是方便駕駛人士的，但這些環路附近也有不少的高廈和民居：這些居民如果不開車的話，有甚麼方法可以利用環路的方便，快速抵達環圈內其他地區？(有不少城市，如德國首都柏林和英國首都倫敦，都建有環城地鐵或鐵路，但興建鐵路當然受地理所限：有很多城市是「圈不了」的！) 成都市便有一個很有趣的方案，就是在架空的二環公路設置公路公車(即巴士)站，二環路並設有公車專線，確保路途暢通無阻，而公車班次也頻繁。換而言之，變相在主要給私人車輛使用的環路系統上增加了一個環市公共交通運輸網。(而且公路寬闊，輕易容得下載客量高的雙截車！)

中國成都架空公車系統
① 環繞二環路的公車站
② 車站在公路旁
③ 架空的二環路
④ 車站入口，與香港地鐵相似

有點像人口更不集中的美國洛杉磯；你跟洛杉磯居民聊天，他們立即便會告訴你，在洛城不開車不行！

地鐵系統較早落成的城市如倫敦，當時興建地鐵系統，便是要解決高人口密度地區的交通問題；人口密度不高的地區，根本犯不著去想建地鐵。

你又知不知道，在一個亞洲城市，坐中短途巴士並不需要付費？那個城市便是臺中。為何市政府會這樣慷慨？（香港政府近年的預算不也是傾向花於醫療、教育等重點福利項目，而花在公共交通的錢也大都是建立長遠的交通系統嗎？）然而一個城市的發展，往往有其獨特的脈絡。臺中最初並不是一個像現在般龐大的城市；現在的臺中市，是一個由不同發展歷史與發展速度的地區合併起來的城市，人口並不密集。她既沒有一個城市地鐵系統的雛型，之後要興建一個實用而營運成本合理的公共交通系統就很不容易。「巴士首十公里免費」這優惠可算是一個「必要」的亡羊補牢方法。這個故事也說給我們聽，我們外遊時見到新奇——甚至是愚蠢——的東西，往往是當地人解決一些實際問題的方法。

活動四　重新構思交通網絡

找一些世界各地的交通工具來看看。它們其實是否亦適用於其他地方；現在沒有，只是歷史發展的問題，還是受客觀的地理原因所限？（為何歐洲不少城市都有街車？）如果我們可以按一個魔術鍵，把當今某一個地方的交通網絡突然拿掉，再考慮當今的地形、土地用途和交通需要而重新設計一個交通網絡。這個新的交通網絡設計，跟現存的交通網絡會有何區別？為甚麼？

元朗

屯門

荃灣　　　沙田　　西貢
葵涌

青衣島

香港　　　　觀塘　將軍澳
尖沙咀

交通與系統管理

你居住或熟悉的城市，有哪些公共交通路線的編號很容易記，有些卻叫人不明所以？

又拿我居住的城市香港為例（你不是香港人的話，請找張香港地圖看看），香港島的電車，原來除了有路線號碼（大部分人都不會留意）之外，電車的終點站牌也用不同的顏色表示：如北角便是紅色底黃色字等（但很多人也記不起甚麼站是甚麼顏色）。而九龍和新界區的巴士路線，很多一看號碼便知道是開往哪兒，可是香港島的巴士路線則不然！究竟是怎麼一回事？

道理其實很簡單：資訊有組織比沒組織的好，有用的資訊比沒用的好。（很簡單吧！）九龍和新界的巴士路線編排有其法則和組織；路線編號並不是隨意添減的。是甚麼組織？這大概反映了九龍和新界的發展：個位路線號全部都由尖沙咀碼頭開出，因為尖沙咀碼頭就是最古老的九龍市區嘛。尖沙咀碼頭跟來往香港島的天星小輪作配套，連成一個交通網。雙位數字的巴士路線號碼也有其脈絡：1字頭的路線，大致上服務較近尖沙咀的另一個舊區觀塘區；2字頭路線是其延伸。3

你細心一點的話，必會發覺現在再沒有3號線了，我年青時，3號線從佐敦道碼頭（！）開往鑽石山，而更早取消的4號線則從佐敦道碼頭開往長沙灣。佐敦道碼頭從前是次於尖沙咀碼頭的九龍市區交通樞紐，也跟渡海小輪作配套，而九龍巴士公司於取消原來3、4號線之後，並沒有再用這兩個路線號碼行駛其他地區的路線，沒有把路線號碼網的邏輯弄壞。

字頭是服務之後發展開去的荃灣新市鎮，而4字頭則是毗鄰的葵涌和青衣區。5字頭服務新界遠處且是最早期的人口集中地元朗一帶；6字頭則服務為了應付人口急速發展而興建的新市鎮屯門；7字頭路線服務新界東北部；而8字頭則為另一個新市鎮——新界東的沙田——所用；至於9字頭，便是在從前隔涉得多的西貢區、以及遠較沙田及屯門發展得遲、在西貢後面的將軍澳和清水灣新市鎮區。換而言之，這個巴士路線號碼秩序與九龍和新界的發展相對應，很容易理解。

相反，香港島的巴士路線號碼便沒有這種自然秩序。但萬事皆有因：為甚麼香港島的路線沒這種自然秩序？究竟香港島的路線有沒有秩序可言？

再看看香港的電車路線。香港島的地理跟地形與大致平坦的九龍不同，中間是以太平山為主的數座山，人口直至現在也集中於北面海岸線——所以香港島並沒有一個「中心」的市中心。橫跨港島東、港島西的電車系統也於是十分簡單——沿海長長一條電車路，以及環繞處於島中間的快活谷馬場的跑馬地支線。所以路線號碼既沒有隨城市發展而自然建立，也沒有實際的效用：往跑馬地的乘客，看見「跑馬地」三字便足夠了，而乘坐電車主路線的乘客，管過電車是否東行西行之後，唯一需要關心的，是電車的終點站是否在自己的目的地的前面！

當第一條海底隧道建成後，過海隧道巴士用1字頭的三位數號碼。九龍和新界的路線號碼系統，還考慮到一些加上英文字母的輔助路線、接駁路線、特快路線等。你有興趣的話便自己找找看，也可研究一下其他地方的巴士路線系統的邏輯。順帶一提，關於號碼系統，值得考究的除了第五小時提過的電話號碼之外，還有郵政號碼等。

找一個陌生地方的交通系統圖來看看。承第三小時，你能否找出該地發展的脈絡？交通系統又是如何建立起來的？

100

國際貿易與交流

第三小時說過，人類生活最依賴的，就是地理資源。無論社會發展得如何「先進」、經濟模式如何高度技術化、科技發展如何進步，人類終歸需要吃。食物從何而來？要不自給自足，要不入口自別處。上一小時提及到交通不方便的壞處，本小時則探討國際交通的目的。交通所促成的，一方面是貿易，另一方面是人與人之間的交流。

為甚麼我用引號框着先進一詞呢？就是要你好好思考，「先進」是甚麼意思。農業社會就是不先進嗎？高度技術化的金融社會就算特別先進嗎？「先進」的標準是甚麼？

不要看歷史書，想想歷史上人類曾經為過甚麼貨品而打仗。其中有多少是「必需品」，多少則是「奢侈品」？這些導致戰爭的貨物，如何反映出與戰各國當時的社會情況、風尚與價值觀？

想過之後，你便可以翻查歷史書了！☺

崇洋貨的背後

時移世易，你現在最崇尚、最想要的是甚麼外國產品？你的
國家並不生產這產品，也許出自地理限制（我便非常希望能
不時品嚐到意大利西北部出產的巴魯羅〔Barolo〕紅酒，但只
有該地的土壤，才能釀製出這種美味的佳釀）、也許出自市
場因素（我的背包是德國製，是給郵差設計的，既防水又可
捲起來，方便騎單車送遞不同大小的信件用）、也許是出自
設計意念（我寫這部書，用的平板電腦是美國科技），亦也許
是出自技術（我拉的小提琴，琴弦來自奧國）。這些東西，現
在都不用大打出手（最少是軍事上的大打出手！）便能獲得；
獲得的手段，卻主要是國際貿易。國際貿易和國際關係的理
論，我不談，也不懂談，但想在這兒跟你討論一些有趣的觀
察和經歷，看看你能否藉此對國際貿易有多點興趣和理解。

貨如何如輪轉

◆ **似曾相識的舊貨**：我是一個非常喜歡舊東西的人。我覺得現在許多新的貨品設計，也許功能上更先進，但耐用程度卻遠遠不及舊產品，所以我特別喜歡搜購仍未拆的舊產品。在家不再找到的舊東西，我不時在外遊時找得到，例如文具和小玩意等。

在澳門一所老文具店找到的：早被電腦淘汰的賬簿，以及八十年前的釘書機款式。

◆ **產業翹楚**：上面說過，有些外國貨物本地並不生產，有很多不同的原因。嘗試找一些外國貨品（輕工業和重工業的例子都要有！），分析一下為何某些國家於某些產業特別厲害。瑞士盛產纜車吊車，當然是因為其山多有需要，工程發展得早。

◆ **海關檢查**：我們進入別的國家時，當然先要通過入境手續（也常常是苦事），但還有常可直行直過的兩關，幾乎不再感覺到它們的存在了：邊防檢疫和海關檢查。你未必會攜帶超於免稅額的受限制商品如煙酒（不知你過了法定年齡沒有？），也大概不會帶超於限額的現金入境，但看看一個國家的進出口條例，倒是有意義的；你足不出戶，也可以到不同國家的海關網頁去看看。進出口條例背後的邏輯，到底是甚麼？改變的話，會有甚麼影響？

中國黃山的索道（即登山吊車），由瑞士公司製造。

在中國江西城市上饒火車站（你之前聽過上饒這城市嗎？）附近見到的德國 Hamburg Süd 貨櫃。

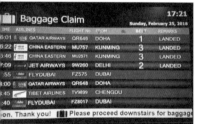

尼泊爾首都加德滿都之到境航班。八班航班中，有一半來自好像跟尼泊爾沒有關係的中東：卡塔爾的多哈和阿拉伯聯合酋長國的杜拜。但事實是近年該兩個中東城市大為發展，吸引了不少尼泊爾勞工工作。

- ◆ **飄泊的貨車：**你外遊時大可留意一下，路上見到的貨車車牌。它們是否來自不同的省分或國家？最多來自哪些地方？最遠的又來自哪兒？貨車載的大概是甚麼貨物？又行走甚麼路線？

- ◆ **四海為家的貨櫃：**在你居住的城市也許會偶爾碰見貨櫃車，有時車上的貨櫃屬於一些大型國際航運公司，如德國的 Hapag-Lloyd、丹麥的 Maersk 和香港的 OOCL（東方海外貨櫃航運公司），有時貨櫃上的名稱卻不見經傳、不知來自哪兒。你偶爾也會見到貨車載着民航機貨櫃，但所屬航空公司的名字你從未聽過，航空公司更加沒有到你城市的航線。不同的貨櫃，竟可以飄到你意想不到的地方。究竟是如何一回事？

- ◆ **奇怪的航線：**我們在機場（尤其是國際航空樞紐的機場），有時會見到一些去之前你完全沒有聽過的城市的航班。為甚麼到這些「鬼地方」？（當然是為了運貨。）你猜為何運貨到這些「鬼地方」，和運甚麼貨？

- ◆ **跨境消費：**有一些居於邊境城市和地區的居民，常利用兩國稅制的不同而跨境購物（包括汽油：跨境入油！）。找找有哪些地方有哪些跨境消費。跨境消費，主要是針對哪些商品？為何消費者那一國甘於把消費者流出去，讓鄰國賺錢？

- **邊境大開放**：既然談到邊境，如果一個國家，多開幾個邊境閘口（海陸空都包括！）的話，會有甚麼後果？為甚麼？

- **逛逛舊貨攤(之一)**：找你家附近的舊貨攤（也見之後的第十七小時），看看有甚麼外國的舊東西。你不只要看有甚麼外國東西，還要思考它們為何出現於你逛的舊貨攤裏。想更高雅的話，也可逛逛懷舊店古玩店。

- **逛逛舊貨攤(之二)**：舊貨攤的外國東西，如果還有說明書的話，也不妨翻一翻，看看包括了甚麼語言。為何是這些語言？（你也可隨便花數塊錢買套舊電影，看看字幕有哪些語言選項。）包含外國語言，當然是針對外國市場；如果你研究的商品，現在還有出新款式的話，你可以設法找現在的說明書（大都放在網站上了）對比一下。

印度孟買 Chhatrapati Shivaji Maharaj 火車總站地下通道裏的 Bata 皮鞋經銷店。

- **品牌市場擴充**：承上，如果說明書甚麼語言都有的話，你則可以變相研究一下，該品牌有沒有不同的國家或地區網站、它們的內容有何不同、以及它們於何時創立（！）。

捷克首都布拉格市中心的Bat'a
皮鞋店。

- ◆ **再論語文：**英語是世上流通最廣的第二語言，不少人認為把文字翻譯成英文，便能好好應對外國人。但你看看全球不同地方的餐牌和遊客設施路牌等上面的外文，都不一定或不只是英文。例如在波蘭克拉科夫（Kraków）這個遊客心儀的文化名城，我便在不少餐牌上看到德文、英文、俄文和理所當然的波蘭文，但卻沒有法文和意大利文。這告訴了你甚麼？

- ◆ **真真假假：**為何假貨、冒牌貨、次貨和模仿式貨品有它們的市場？（尤其是當消費者有能力購買正價貨品之時）它們的品質是不是一定比原來的貨物為差？

- ◆ **物離鄉貴還是賤：**有一位捷克朋友曾經詫異地對我說，在他家鄉，Bat'a皮鞋是高檔貨，但出國之後（以"Bata"營銷），卻只是一般貨色。麥當勞初引進中國大陸時，「巨無霸」漢堡包的價格竟比一頓不錯的中餐還要高，但「巨無霸」在歐美社會只被視作無甚營養的快餐。肯德基家鄉雞也如是。都是怎麼一回事？

◆ **中國製造**：在巴西的一所教堂的紀念品店裏，我買了一個黑皮膚聖母瑪利亞的小型塑像（找找為何會有黑皮膚的聖母瑪利亞和耶穌看！），回家拆開盒子，才見到塑像底部貼着「中國製造」(Made in China) 這貼紙，令我哭笑不得，竟然在巴西買了個國產紀念品（卻是個在中國國內或香港買不到的！）拿回中國。這個故事對你有甚麼啟發？（花點時間想想，可不要衝動回答！）

◆ **改變本地行業**：不時在新聞報導等看到，國際上不同行業薪酬待遇（及身分地位）的比較。一個非獨裁國家如果要影響某行業，可以怎麼做？會如何改變國際貿易？突然為一行業設最低或最高工資，會有如何的效果？

◆ **優質手工**：在一些國家，一些手工工作（如補衣服），比起人口眾多的中國，無論絕對費用或相對費用都昂貴得多（即對比起當地其他物價），雖然手工大多優質，為何那些國家的顧客不能降低要求，接受水平較遜但又較便宜的手工？

◆ **世界博覽會**：現在要看外國有甚麼貨物，以及外國商人要提送貨物的參考樣板，都容易之至，但交通尚未發達時，則艱難得多了。世界博覽會曾經在國際貿易

上擔當很重要的角色；1851年於英國倫敦水晶宮 (Crystal Palace) 舉辦的第一屆，以及以艾菲爾鐵塔 (La Tour Eiffel) 為標誌的1889年巴黎世博，尤為有名。世博的角色和重要性，如何隨着歷史變更？

阿勒普香皂

◆ **環遊世界的貨物**：我在07年有機會到現在很不幸被戰火蹂躪的中東國家敍利亞，並在其北部城市、也是最大的城市阿勒普 (Aleppo) 首次接觸到他們著名的橄欖油和棕櫚油香皂。這種啡色的香皂對我皮膚特別好，我在當地的公眾浴場試過之後便立即買了數件回家。怎料我有皮膚敏感的媽媽也特別喜歡；我的數件香皂，很快便用完了。在香港並沒有任何地方買得到，而上網訂購既要付昂貴的郵費，品質也沒保證。如果是你的話，你會怎麼做？我忽然靈機一觸，想起歐洲有不少中東人居住，香皂可能在歐洲的大城市找到。果然推斷得對：偶爾要到歐洲的我，常常在歐找到阿勒普香皂。同樣道理，阿根廷的「國家飲料」瑪黛茶 (Mate) 茶葉在香港找不到，但也在歐洲大城市找到了。為甚麼？因為如倫敦的世界大城市，人們對新穎、另類的東西特別有興趣，既有不少來自世界各地的人，也跟世界各地有長期的文化和貿易交流。德國人甚至設計了一種以瑪黛茶為主的年青人流行飲料，叫Club-Mate。

國際交流

跟你談了那麼多關於國際貿易的小觀察和問題,也簡單談談國際交流吧,就是不同人的意念思想之交流:交流促進貿易。這次不給你那麼多的思考材料了,就只兩條。我們在這章想過國際貿易之後,下一小時再微觀談外國國家的消費吧!

- **洋東西何以在此**:你想想,你身邊有多少意念、設計、制度從外國而來?何時來?為何它們成功?——是通過一些人物、政策,還是其他因素?

- **環遊世界的居民**:哪些國家、民族、地區或城市的人特別容易離鄉別井,到別的地方工作,甚至落地生根移民去?你一定知道戰亂可以教人離鄉別井,但工作供求也是有趣的原因(例如澳洲便盛產飛機師、美國也有大量在華的英語教師)。當然還有外交官及其子女們。你覺得這些人的經歷,養成了他們的甚麼特點?他們對國家和文化的看法,跟你的又會如何不一樣?比如他們聽到自己國家的歌曲,或者看到自己地方的電影和電視劇,感覺又會如何跟你的不一樣?他們對自己國家的印象是什麼?覺得自己的文化最寶貴的又是什麼?

120

商場與消費

我們上商場，目的大都是去買東西。世界上有一些國家，你一進了店，店東或店員便立即會在門口招呼你，問你想找甚麼（證明當地人一般有了明確購物目的之後才上商店）。但隨便逛逛商店和商場，卻也是不少人的娛樂，例如看看最新的服飾和設計品，留意有甚麼好玩的，了解潮流和獲取新意念。當我們到了一個新的地方、新的國度逛商場商店，看到學到的又是甚麼東西？

商業在一個地方的重要性，如何能看得出？該地有以私人公司或機構命名的公共設施、甚至巴士站嗎？該地居民會十分計較消費與支出，為少少的差價煩惱不已嗎？

意想不到的商業活動

先說一個故事。2010 年左右，在香港這個「現代化國際大都會」，我和朋友隨便到了新界較偏僻的一條村落遊玩。突然我們聽到了奇怪的叫賣聲，回頭一看，驚見一位穿着一對簇新美國運動鞋的老伯伯在村子裏以濃厚的鄉音嚷着「有被

賣、絲棉被」。我和朋友都覺得這般時空交錯的景象非常有趣：老伯伯穿的鞋子，並不是我們印象中偏僻村落中會出現的東西，而香港交通多麼發達，布滿世界各地最新潮貨物的商場都在咫尺；老伯伯既然有辦法弄這樣一雙球鞋來穿，又為甚麼選擇在村內叫賣這種農業社會的商業模式？網上購物不是已經很流行了嗎，而可找到各式各樣絲綿被（而不只是老伯挑着的兩種款式）的店鋪，也不消一、兩個小時便能去到。我和朋友立即互望着對方，心裏想，在這個交通和資訊發達的年代，真的有人會向在村中叫賣的老伯伯買東西嗎？這位伯伯也真的夠意思，一方面那麼前衞（他的球鞋，新款得我也從未見過），另一方面卻是那般「落後」！

我和朋友的想法，卻是以我們自己的消費習慣、以及我們對商業的理解，放於老伯伯和該村的頭上（哪怕我們的想法是香港人的「主流思想」）。經濟學老師告訴你，在一個以錢幣作交易單位的社會（即並非一個以物易物的社會），當買方同意賣方為某一件物品提出的價格，便可進行交易。價格與需求的關係則視乎物品的性質而定：一般物品，越貴的話需求便越少，生活必需品，即使價格大幅上升，需求也不會顯著下降；特別有價值的奢侈品，價格越高卻越來越受人青睞。

厄瓜多爾Saquisilí鎮市集的牲口買賣。

然而買賣雙方為何同意買賣的價格，卻取決於很多複雜、不容易納入經濟學模型的因素。例如老伯叫賣，也許沒有任何動機去賺大錢，叫賣只是他多年來的生活，而村裏的人買棉被時也沒有多大要求，也許明知上網購物有更多選擇，價錢也較便宜，但既然老伯能把被送上門，選擇和價格也就不多計較了。

至於這個故事的商店，也不是實體商店。商店買賣——包括互聯網上的二手購物網站——只是商業交易平臺的一種；商業交易並不需要形式化、明碼實價。在一些異地文化和社會（甚至你居住地的一些行業裏），交易可以非常隨意，也可以有很多不成文、或我們覺得不可理喻的規矩，例如收貨之前不用先付錢、且不需要簽署任何付款保證；或者客人可以隨便拿貨品離店，隔一段時間在店東店員沒有驗證點算過的情況下，放下錢便走；又或者買賣雙方可以在談好價錢之後隨便增減貨物的數量而不會導致衝突。有些店鋪也可「兼任」為博物館，歡迎你參觀展品，有興趣的話可以隨便買。想想這些你覺得「奇怪」的商業交易，嘗試明白背後的人際關係和社會價值，可不是很好玩嗎？

社會科學家（當然包括經濟學家）的職責，是致力解釋社會運作和人類行為的種種規律；其中一個方法是以一些實驗或觀察數據作基礎和依據，整理出這些規律的模型來，並不斷加進新的觀察來完善它們。然而嘗試解釋人類行為的社會科學，跟嘗試找出大自然規律的自然科學不一樣；「客觀」的物質世界並不多變，而人類的活動、行為和思路都無時無刻在變，所以社會科學很少有像地心引力般的鐵定律，而最優秀的社會科學家都很謙虛，知道模型的局限。

活動一

出人意料的商業活動

價值觀與消費模式

消費模式的不同，既源於地理資源、系統結構、風土習慣等的差異，也跟價值觀有關。你到歐洲不少小鎮和鄉村遊玩，發覺當地很多很優秀的生產如食物、美酒與工藝品等，如果放在國際市場出售，一定會廣受歡迎，而生產商也一定會賺到更加高的利潤，但生產商就是沒有興趣把生意搞大，而同樣道理，你作為外來客，對這些產品也許很感興趣、很欣賞，但該地該國的人卻不會特意去追求它們，或覺得它們非吃不可、非買不可。不是所有商人都矢志謀取最大的利潤：不少商人要的是簡單安逸夠糊口的生活，而不是飛黃騰達。

舉另外一個價值觀影響消費的例子：在一些國家的餐館用餐時如果要喝水，侍應會問你想要有汽的還是無汽的；言下之意是你要付錢買樽裝的礦泉水，餐廳並不提供免費自來水。不提供自來水，你可能覺得餐廳是為了賺點賣樽裝水的利潤，但也有其他的可能性：例如擔心萬一水源受污染影響到客人，餐廳要負責任；只賣樽裝水，餐廳飲品部更容易管理；又或者該國根本禁止餐廳提供自來水。姑勿論怎樣，如果你來自在餐廳要白開水不用付費的地方，就會覺得付費購買食水好像很不值。（我習慣了在餐廳喝水不用付錢，年輕時試過在外寧願忍受缺水，也不甘心付午餐價錢的五分之一去購買食水！）

不常到的店鋪

想想我們每天都路過卻很久很久、甚至從來都沒有到過的店鋪，大概有哪些？對這些店鋪，我們一般都沒有甚麼大興趣，但有需要買東西時，卻往往知道它們在哪兒。（於我長大的香港，這類店鋪的佼佼者是地產鋪。）這些店鋪的存在，我們習以為常卻都反映了我們所居地的生活文化和社會結構，譬如香港的地產市場便比世界上絕大部分地方都要蓬

勃；香港經濟的一個重要部分也是房地產。於外國居住過一段時間的朋友大都有此經歷：就是在家鄉非常易找的東西，在外國卻苦苦找不着在哪兒購買，例如五金材料。商業大概是社會最具彈性的一環；整體來說，沒市場需求的便會淘汰，有需求的立即會發達起來。可是，如一開首所言，也存在着「不合理」和充滿人性的商業活動（如即使蝕本也為興趣而做）。絕大部分商學院和經濟系課程不能教給你的，是了解這些趣怪現象所需的好奇心和洞察力，因為這些東西既出於你自己，也出於廣博的知識和人文關懷。現在網上購物越來越方便，但世上不少人（不淨指老人）仍然寧願到實體商店購物去；同樣道理，電子貨幣越來越流行，但在一些國家，連信用卡也不太流行，更遑論電子付款了。為甚麼？

市場不斷轉變，在某些地方，市場轉型會令已有店鋪調節其售賣的貨品作應對，在另外一些地方，同樣的市場轉變，則會導致店鋪的更替。除了「經典」的經濟原則之外（找找是哪些！），還有甚麼其他因素，尤其是文化因素（例如顧客對已有店鋪的信賴）影響市場？

到處都是明星相

美國是一個廣告特別多的國家；你如果在美國居住的話，哪怕是鄉村，你一定會花不少時間於清理信箱裏七彩繽紛的廣告傳單上。相反，在英國的小村小鎮，廣告都來得溫文爾雅，拉拉雜雜、無目標地大量派發的廣告少之又少。為何有這般差異？廣告文化是甚麼一回事？你在外地街頭（甚至乎外國網站上）見到的廣告又有何不同之處？例如甚麼商品佔最多的廣告篇幅？廣告有否特定對象群？廣告策略和設計又如何不同（或相同）？為何你幾乎會在每一個街角都見到同一位明星肖像在賣不同的廣告？為何一些厭煩的廣告手段（如美國之郵箱廣告傳單轟炸），當地人竟會「受落」？

活動二　如何因地賣廣告

老玩意，就是先拿世界地圖出來，隨便挑個地方，之後想想你在家看習慣的廣告和廣告手段，應用在這國家會否成功。為甚麼？甚麼樣的改動會令其更成功？也可把活動「反轉」，外遊時想想外國的廣告能否用之於本地，以及為甚麼。你也可以在網上找找，比較一下一些跨國品牌（如汽水品牌等）在不同國家採用的不同營銷策略，甚至比較不同國家的網上商店設計的不同。

逛商店

旅遊的一大樂趣，便是胡亂逛商店和市集。上小時提到的外來貨物 (尤其是所謂「國際品牌」和「國際名牌」) 跟本地貨品的比例如何？老牌小店的市場佔有率又如何？有空走進一些住宅社區的話，店員 (也包括連鎖超市的店員) 跟街坊的關係又如何？不同的店鋪 (甚至是同一連鎖的不同分店)，販賣同一件物件時價格是否劃一？(是的話告訴了你甚麼，不是的話又告訴了你甚麼？) 特價品多嗎？你猜是如何定的？貨物又如何分類？市集的結構最為有趣：你嘴饞不饞也好，遊街市樂趣無窮！上小時提到二手墟，二手墟又有甚麼不同的種類、二手貨物又從何而來？

而我每次到一個新的城市，最喜歡做的事之一，便是逛當地的書局。你一定會立即說，書本只是紙上談兵，而且現在看印刷書的人已經越來越少，大家都看電子書或在網上找資料了，逛書局並沒有甚麼特別的意思。再者，書局亦受商業因素所限制，例如在租金昂貴的地方，書局販賣的一般是比較賺錢的書目，如旅遊書等，所以逛書局並沒有甚麼代表性，倒不如去公共圖書館逛逛。加上有些國家和民族的文化，不

一定以文字相傳；知識可能主要以口述形式或其他方式傳播，沒有幾本書，就算有也説不了甚麼！

可我還是覺得，逛書局有一定的啟發性。首先，在公共圖書館(或大學圖書館)，往往找不到最新出版的書籍，因為採購書目需時，而且需要通過一定的書目挑選程序。每一所圖書館的選書方針亦有所不同，例如有些公共圖書館專門收藏藝術和建築書籍，有些則流行文學特別多，有些有多本同一書目(可能是教科書或者是學生指定讀物)，有些的藏書特別新，有些則特別破舊。書局呢，一般來説都受市場需求所影響，有最新最流行的發行，令你知道那個地方的人喜歡看甚麼、關心甚麼議題。甚麼人去看書和買書？他們的閱讀習慣又如何？(會花很多時間在書局逛書看書？)本地出版的書籍和國外書籍譯本的比例又如何？(出版業「倚賴」國外思想嗎？)你能否從一本書的封面設計，推敲出該書屬於甚麼書種？(書架上如果有你認得出的作者名字的書，也會幫助你辨別該書架放着甚麼書種。)書種分布跟你慣常看到的有何差別？例如有沒有某一類型的書籍特別流行？為何？又或者你有可能在書局找到一些奇怪東西，例如火車或巴士型號目錄、甚至乎是當地當年圖書發行目錄等。為何這些書籍竟有市場？想想也好玩！

1300
每天過生活

一天你醒來，突然失憶、記不起任何東西，發現自己在陌生的森林裏面，跟五十個處境狀況和你一模一樣的人一起。你們雖然記不起任何往事和之前學過的東西，但卻沒有失卻思考能力，只是都忘卻了以前學過的語言。你們不知道外面還有另外一個世界，於是都樂於在森林落地生根，一起組織社區。你們會為社區作建設；你們會互相溝通，創立你們的文字、語言和其他溝通方法；你們也會發明不少工具。可是最肯定的，是你們一定會留意和探索大自然規律，從而想出對生存最有利的生活方法。例如你們會留意，附近哪一條河特別多可供食用的魚類，而魚的數量也不是任何時候都一樣；於有些季節會多一些，於其他季節則會少一些。

大自然規律中，最重要的是時間、時節和節令，因為它們可以說是其他規律的基礎，決定了萬物的節奏。在電燈出現之前，人類的日常生活基本上是日出而作、日入而息，活動時間空間都受大自然和天氣所影響。我們的祖先定下節氣，就是為了方便耕作，讓農夫知道哪些時候最適宜當哪些事情。而曆法的創立，也是讓我們更能掌握和適應大自然的變化。我們的祖先也會根據節氣，以及一些突出的大自然現象而建立起不同的節日，如清明節、以及傳說中全年月亮最圓的中

[失憶者]

思考能力：有
語言：忘記
生活經驗：忘記

任務：
① 在森林組織社會
② 創立溝通方法
③ 發明生活工具

秋節。冬至是個很有意思的節氣。冬至雖然並非一年最冷的一天，但是是一年日照時間最短的一天。過了冬至之後，日照時間又漸漸加長。陽光影響人類的行為情緒；有陽光的時候，你會更有動力和精神活動與工作。那冬至那麼灰暗、令人抑鬱的一天，怎麼過才好？在香港，我們過冬至時一家人會團聚吃冬至飯：我們的祖先，在冬至這一天團圓相聚以應對昏沉的天氣；團年飯於是在悠長的歷史中，一代一代傳承下來，成為了一個獨特的傳統。這便是一個節日誕生的例子。

冬至並不是世界上每一個國家都會慶祝的日子。歷史上，不同地方的人都會根據他們對大自然的觀察，創立不同的曆法，也創立了不同的節日和相關的習俗；習俗都是日積月累的生活經驗。古人的「科學水平」當然比不上現代水平，但怎麼也好，都捕捉了季節規律：你比較世界各地的節日，日期多有重疊或近似之處（東正教文化圈的新年也好、中國的新年也好、西方的新年也好，日期距離也不過一、兩個月）。

在香港，冬至並不是法定假期，但不少公司、組織和機構，員工都會提早下班。

應該說只是每一個北半球國家——北半球冬至那天，南半球國家是全年日照時間最長的一天。

請你想一想，有哪些國家或地區，節日不大受到節令所影響？如果節日不大受節令所影響的話，它們的起源又是甚麼？

三城的亡靈節　攝於 2017 年

① ② 墨西哥城亡靈節氣氛。該城的亡靈
　　節為每年 10 月 31 日。
③ 危地馬拉 Sumpango 市亡靈節的氣氛。
　　危地馬拉的亡靈節為每年 11 月 1 日。
④ 危地馬拉 Antiqua 市亡靈節的氣氛。

⑤ 德國北萊茵一威斯特法倫（Nordrhein-
　　Westfalen）魯爾區（das Ruhrgebiet）
　　鋼琴節（Klavier-Festival Ruhr）。魯爾區
　　歷史上是重工業和煤炭產區，文化項
　　目只是近幾十年的發展。攝於 2016 年

節日還重要嗎？

在現代社會，節日節慶傳統漸漸式微，譬如我長大時，過春
節時無一店鋪營業，家家戶戶都忙於拜年；歐洲國家，出於
天主教或基督教的傳統，於星期日、聖誕節、新年和復活節
等大節日也會「嚴格休息」，但現在也慢慢改變了。可是，節
日傳統的文化涵義比以前卻可能更加濃烈。如上面所述，節
日跟我們祖先的生活環境和狀況有着莫大的關係，但現代社
會的工業化、資訊化、科技化等，都令我們從祖先的世界越
走越遠；物質的氾濫和越趨急速的生活節奏，表面上好像令
節日失去意義，但如果連節日的「文化框架」也喪失了，我
們又會在純物質的世界感到極度的失落。也許相伴着物質文
明發展的，是種種專題性、針對不同興趣的「人造節日」，如
政府舉辦藝術節等。

所以近年那麼多人特別
關注和擔心傳統的流
逝；聯合國教育、科學
及文化組織（UNESCO）
創立非物質文化遺產項
目，便是致力於保傳傳
統節日和相關的習俗。

「天然」節日和人工節日

找一些世界各地近數十年人工策劃出來的節日（或慶典）來，例如政府舉辦的文化或藝術節，也找一些世界各地的傳統節日來。它們有甚麼共通點？前者是否成功？不成功的話又有何原因？「人造」的節日和傳統積累而成的節日，本質上真的不同嗎？有何不同？為甚麼？

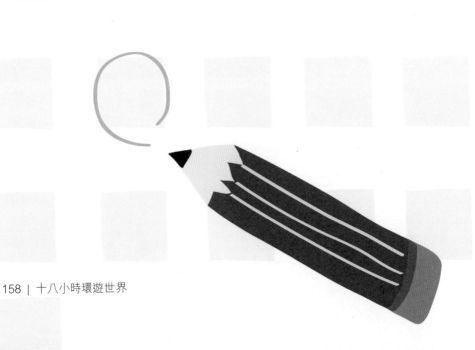

習俗與生活習性

節日習俗也許在越趨多元和「現代化」的社會，變得公式化和意義減退，但你仔細去留意的話，不少微小的習俗習慣還是「深入民間」的，年代時光也洗刷不了，因為它們伴我們長大。我小時候，出門遠行是件大事，臨離家時家人都會餞行。現在出門方便、也廉宜得多了，通訊方法也多的是，但「餞行」這習俗習慣還依然。我在香港長大時覺得奇怪，為何有那麼多的甚麼退休惜別宴、畢業宴之類的；香港那麼小，惜別之後所有人說不定下週又再相聚見面了！但慢慢便領悟到其內在的文化意義。習俗、態度與價值觀，當然亦竄進日常生活的言語裏。「恭喜發財」和「心想事成」這些廣東賀年話，理性上其實也十分無稽：世上的財富是零和遊戲，你發財我便虧了，怎可能人人都發財？人人都心想為最成功的人，此事又怎可能發生？但這些都是大部分人樂聽也樂說的祝福。

活動二　異地的成語

謙語、俚語，甚至乎髒話，都是文化研究學者心儀的主題。你何不找些外語版本來看看，並嘗試感受一下它們的涵義，和想像一下它們的起源。哪些跟你特別有共鳴？為甚麼？

Ein voller Bauch studiert
nicht gern

You can't teach an old dog
new tricks

2004年底，我坐畢跨西伯利亞鐵路後，在莫斯科謝列蔑契娃機場 (Sheremetyevo Airport) 候機，聽到一位美國女遊客詫異並不屑地跟丈夫大聲說，俄羅斯人竟然容許在機場大樓內抽煙！美國人習慣了機場分吸煙和非吸煙區，對俄國人這般行為，當然看不過眼。可是以自己的標準加諸別人，並不十分明智：每個地方都有它的演變過程和集體經歷。要改變一個地方的習性難不難？於第五小時，我們談到一些地方有很多不成文規矩，而有時我們到新地方接受並遵守不成文規矩也是面對新框架的調節與適應。我接觸過較有趣的是，2007年我到阿根廷旅遊，翻閱某著名旅行指南時，竟看到如果在該國觸犯了交通條例，交通警發告票時想行賄解決的話，說句「噢，我很抱歉，不知道有甚麼方法可以解決這誤會呢？」便或可解決問題！

理解某些外國文化，最大的障礙也許是不成文的習性規矩，和內在又說不清的價值觀：有些文化 (尤其是新世界國家的——理由很明顯) 對外來人比較透明、包容性也強；有一些文化——包括中華文化——卻難讓即使是旅居大半生的外人明白。比較透明的文化，其透明之處也許源於清楚的宗教體系：譬如歐洲人便對天主教地區和基督教地區分得清清楚

我想起我在前言中引用朋友的那番話，他說自己研究中華文化大半生，也只懂皮毛。

楚，而宗教教義在歐洲也是文化支柱。你不認識歐洲歷史的話，便會奇怪為何歐洲人那麼重視宗教支派——不都是崇拜同一個主和主耶穌嗎？但了解之後，便明白歐洲社會上大小的規範，都源於宗教的框架：宗教教義和誡命等，影響了現今形成的習性和價值觀（甚至包括反宗教之思想），而因為宗教框架較明顯，文化規矩也隨之相對透明，容易令外人明白。

價值觀與生活態度

你接觸外地的文化、認識外國人時，也許會很羨慕一些外國人的生活態度，如某國人的率性爽直、處事冷靜有規律、禮貌、和善等。你又或許會對外國人的一些價值觀不敢恭維，如感情太隨便、說話太直接太不客氣、霸道和過度執於己見等。「民族性」是由一個地方的客觀生活條件和相連的主觀思想感情，長年累月沉澱而成的，反過來也影響該地的發展。因此民族性都有其複雜的成因道理，也包括了很多習性。你又大可以想想，既然歐洲大部分人週日都不再上教堂，為何在歐洲大陸依然保留着店鋪週日休息的傳統？為甚麼在歐洲，一般人推門後都有為後來者把住門讓其走過的禮貌，而其他地方的人卻沒有？為何亞洲人在外地都好像偏好跟「同鄉」交談，並不主動跟外國人交流；歐美人則處事獨立，到哪裏都堅持己見和處事方法？

活動三 換換民族性

幻想如果在你的國家，每人都像甲國人般散漫自在，或者像乙國人般豪邁，你的國家會變成甚麼樣子？你和你的國人又會碰到甚麼問題？你甚至可以在不傷人的情況下試試看，但也不要忘記可能帶給自己的麻煩！

作息生活

說完那麼嚴肅深奧的東西，我們現在不如輕鬆一下吧；我們也回顧一下第五小時，想想系統與制度。

日照時間相若的地方，居民的作息時間一樣嗎？為何有別？跟歷史、氣候和周邊地區有何關係？為何有些城市是不夜城，有些城市則很早打烊？（在中國大陸不少城市，一般尾班公交車為晚上八、九時，甚至更早！）為何西班牙人有午睡這傳統，且即使是日照短的冬天，也會到晚上八、九時才開始吃晚餐？為何一些地方（如東南亞國家和臺灣）特別流行夜宵？

不厭其煩地說，日常生活的小問題，都處處隱藏着或大或小的規律；你已領略到天地人互動之奇妙，人類活動的紋路是多麼的複雜。我們對這些規律持好奇心，不斷探究，也許能令我們生活得更有智慧、更懂得與不同的人相處與溝通！

活動四 寰宇奇聞

你不時會留意到一些外地民生新聞，如英國首都倫敦終於有通宵地下鐵路服務。你可能會覺得奇怪：在倫敦這個有世界上首個地下鐵路系統、人口眾多（即不愁沒乘客！）的城市，便民措施如通宵地鐵竟要到2016年才實施，是甚麼的一回事呢？多找找這類報導，尤其是那些你覺得落後不方便的東西，再想想其原因。

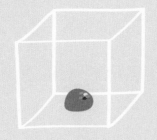

去旅行的一大目的，是去參觀博物館和名勝。參觀博物館和
名勝，好像是理所當然的事：它們最能夠說故事，介紹一個
地方的歷史和文化。先談博物館。好的博物館會啟發你的思
考，不只向你介紹新事物，為你心中的問題提供出色的答
案，還向你拋出大量教你離開後還一直會思考的問題，令你
深感知識之奧妙和深不見底。那麼我現在也向你拋出大堆思
考題：

活動一 記憶中的博物館

你一定參觀過博物館。你最近去過哪一間？整體感覺如何？看過甚麼展覽？學到了甚麼東西？有甚麼展品最難忘？

你記憶中，有甚麼博物館展覽你特別喜歡或不喜歡？為甚麼？哪些展覽有甚麼地方可以改進？有甚麼可改進的地方跟展品有關，有甚麼則跟裝修、人流安排等有關？

你到過哪些地方，博物館數目很少？哪些地方，博物館數量很多？有甚麼博物館，展品不是出自該地？有甚麼博物館，每個國家都「應該」有？有甚麼博物館，你覺得並不配稱為博物館？

我並不是你，這些問題跟你的自身經歷有關，也只有你可以回答，但我可以跟你分享我的經歷與看法。

我最不喜歡的博物館，是沒有考慮參觀者感受的博物館。此話怎說？我們上博物館，都希望學到些新的東西，接觸一直只能通過二手資料了解的事物、或者以新的視角去了解已經接觸過的事物。如果展覽不能令我們增進知識，展品擺放雜亂無章、令人無所適從，博物館人流控制差劣、即使有可觀的館藏亦無機會細賞的話，那便沒有甚麼意思了。有些藝術品和實物（如傢俱、服飾等「應用藝術品」）也許能「為自己說話」，但博物館都有「導賞」的責任。此外，有些博物館展覽，閱讀其展覽目錄也許跟實際參觀展覽也差不多，在家中沙發上閱讀甚至可能會更舒適一點！相反，如果在博物館現場看展品能帶來啟發的話，參觀博物館便有其意思了。

蒙娜麗莎畫像，世界有名；也許其形像現在已經在你腦海裏浮現。它的奧妙之處，在於畫家達芬奇描繪的角度；你在畫像前哪處看，蒙娜麗莎都好像向你注目一樣。這個你已經從網上圖片或明信片等複製品知道了，連法國巴黎羅浮宮博物館的官方網頁，都提供了名畫的高清圖片。擠博物館、只求

在人山人海的情況下看名畫實物兩分鐘,又有何得着?得着不只是有機會近距離觀察實物、探索其「真實效果」的奧妙那麼簡單。我們上博物館的感受、心態與實際體驗,跟看書、看電視的感受當然很不一樣。一所美術博物館,通常會把風格相同(或迥異!)、年代相同的藝術品放在一起;展品擺放的分類,便是一條無形的故事線,以年代和風格作主軸。博物館不會強逼你一定要看完這個才能看那個;博物館有空間和設施,讓你看過作品之後有機會憩一憩、甚至在書店或智能手機上找作品的相關資料,之後再去(或許以不同的角度)欣賞作品;博物館也有空間和氣氛,讓你在藝術品面前發夢和沉思。換句話說,你遊博物館,就是去創造出一條獨特的、屬於自己的、與展品接觸的故事線;你有機會直接吸收作品的精粹。

我到過的一些印象較深刻的博物館,包括中亞國家阿塞拜疆首都巴庫的迷你書博物館、哥倫比亞首都波哥大的警察博物館、法國波爾多木桐酒莊博物館和德國柏林的醫學歷史博物館。為甚麼是這些?迷你書博物館:因為我從未想像過,迷你書這種毫無實用價值、卻極巧工夫製作的玩意兒,很多國家都竟然有出版社印製,不只製作精美,且書種也出奇地繁

多。警察歷史博物館：因為哥倫比亞上世紀長年受販毒問題困擾，毒販對該國有很大的控制，所以警隊於哥倫比亞近代史上擔當了一個很重要的角色。這所之前為哥倫比亞國家警察總部的博物館，對九十年代富可敵國、隻手遮天的毒梟艾斯哥巴（Pablo Escobar）的逮捕過程有詳盡紀錄，我少時在電視上看國際新聞已久聞其名，參觀博物館的一系列展品有如看刺激的偵探小說！酒莊博物館：因為它除了教曉我一些釀製紅葡萄酒的知識之外，它也告訴了我，一個國際知名品牌是如何聰明地建立起來和經營的。至於醫學歷史博物館，它有既豐富又極具學術參考價值的醫學標本收藏，細說近代和現代醫學科學的演進，對比前人和我們現在對人體的了解，清楚解釋今日的醫學昌明實在得來不易，為中學只念了一年生物學的我，再也不敢把醫學視為「只要死背爛背、懂得應用便成」的沉悶學科。

我挑這四所性質很不一樣的博物館，當然不是隨意的：這些例子說明了博物館啟發的多樣性。每一所博物館都有其目的和「故事線」或定位：上述的博物館，專題和目的都很明顯。即使是涉獵範疇很廣的博物館如科技和藝術博物館，一般都會有其重點和「強項」，而歷史博物館如何客觀，也必定會因

木桐酒莊法文為Château Mouton Rothschild（港人以粵音戲譯為「武當老柴」酒莊），是世界最聞名的酒莊之一，且故事多多。酒莊所處的波爾多產區，1855年為53間大酒莊分為五個級別，其時木桐酒莊只位列二級。上世紀的酒莊主人菲臘·洛克柴爾男爵卻一直覺得二級評價只出於政治考慮，而酒莊葡萄酒的水平卻毫無置疑是第一流的，於是一直游說各方為酒莊升級，到73年真的心願達成。洛克柴爾男爵是一個非常懂得為酒莊宣傳的人物，自二戰後便一直委託最頂尖的當代藝術家為其葡萄酒設計招紙，增加酒莊紅酒的收藏價值。傳統至今不變。我也必須承認，我太喜歡1999年法國海報設計師Raymond Savignac設計的招紙了，不理該年紅酒的質量（實際上很好）而買了一支作紀念。

① 阿塞拜疆首都巴庫迷你書博物館內的亞洲藏品，竟包括香港《老夫子》漫畫的迷你本。

② 哥倫比亞首都波哥大警察博物館關於大毒梟艾斯哥巴的展品。

③ 警察博物館正門。

④ 木桐酒莊博物館內陳列着該酒莊不同年份佳釀的招紙。

種種元素（例如館藏所限和當今對歷史的看法等）而為參觀者提供一個「立場」。又如倫敦的大英博物館這所規模極為龐大、堪稱包羅萬有的文化、藝術和歷史博物館，定位便是其藏品之豐與廣，而博物館之豐與廣，則源於英國人於殖民時代希望搜羅世界各地珍寶歸己。

說到「故事線」，不得不提我到過最奇特、構思最聰明的博物館——就是德國西南部萊茵河畔城市禾姆斯（Worms）的《尼布龍根指環》博物館（Nibelungen Museum）。博物館構思聰明，因為基本上它甚麼歷史展品都沒有，然而它巧妙地將一幢古塔和連帶的城牆轉化為展覽空間，以語音故事形式一步一步向參觀者介紹德國中世紀《尼布龍根指環》這個相傳源於禾姆斯城的傳奇故事，令我對這部對德國文化影響深遠的作品加深理解，明白為何此傳奇故事對德國人來說那麼重要。

我覺得特別難忘的一個展覽，則是 2014 年 10 至 11 月在奧地利首都維也納的博物館區舉辦、題為「後殖民時代的旗艦店」（Post Colonial Flagship Store）的一個小展覽。展覽暴露了以前為殖民地的發展中國家，如何在現在這個「後殖民時代」繼續給已發展國家（當然包括它們從前的殖民統治者）於商業

名作曲家華格納（Richard Wagner）便以其取材，譜出了他劃時代、至今仍廣為流行、共長十三小時的一組同名歌劇——即使博物館的語音故事一開首便清楚指出華格納把原來的故事扭曲了！

上榨取資源和利益，並以不同的藝術展品去呈現這主題。展覽主題當然發人深省，但令我印象深刻的卻是，當我看畢展覽，打算買一本展覽目錄送給朋友時，工作人員卻告訴我目錄的價格為一非洲圓。非洲圓？我可從來沒有聽過這種貨幣。一非洲圓值兩歐元，工作人員告訴我。正當我放下兩歐元，準備把目錄拿走時，工作人員卻（友善而一臉正經地）叫停了我，說我不能以歐元付款，並拿了我的兩塊歐元，兌換成一張一元「非洲圓」鈔票發給我，待我用該張鈔票來付款後，才准許我拿走目錄。我立刻明白了：工作人員是多此一舉嗎？可不是。「非洲圓」當然不是奧國法定的貨幣，博物館強迫買展覽紀念品者參加這個「找換遊戲」，目的當然是要他們慢下來思考，後殖民時代的國際商業交易包含了貨幣操控的成分。

上網參觀一下博物館吧。現在很多博物館，展品都電子化了。雖然網上談兵跟觀看實物不太一樣，但倒也不失為學習機會。我只有一個建議，就是「參觀」時要專心集中，說好花一兩個小時去觀賞展覽，便如實去做。你也一定會在網上找到沒有甚麼東西好看的博物館網頁：為何館藏沒有電子化？是經費問題嗎？還是展品展覽電子化並沒有多大意思？

博物館的「博」字，其實十分可圈可點。博物館為何稱作博物館？「博」即多與廣。但何為多與廣？當然可以指藏量多，而藏量多卻不一定表示藏品種類也多；博物館也不一定需要有廣大的實際空間（即宏大的建築）。博指的應該是精神和知識上的空間吧，也回應了我上述的喜好分析。博物館（或展覽）既能展示古物，也能介紹一些機構、部門、工廠等營運：工廠如果把全部設施和運作模式都對外開放，一來有礙生產，二來「故事」並不精要、「展品」也難以有系統地展示出來。

參觀博物館，有時亦能見到不同的學科和生活範疇，於該地如何被分類定位。譬如捷克首都布拉格的國家科技博物館，便包括了建築展覽；很多國家則不會把建築納入科技這領域內！

活動三

籌辦博物館

假設我們有足夠資源，在你家附近去辦一所博物館。你會建議辦甚麼博物館？

你可先從日常生活中挑選一個有意思的、你特別感興趣的主題。是一個人物？是某一種藝術——尤其是在其他地方找不到的？是生活模式？還是甚麼其他的？除了你的熱情之外，你家鄉又有甚麼辦該博物館的特別優勢？你有甚麼特別的「故事」要通過博物館展覽跟觀眾說？展品能夠自己說話嗎？你籌備的展覽，需不需要向其他的地方暫借展品？展覽有甚麼展品會突顯主題，你又會想到用甚麼方式去介紹它們？

自己說故事的名勝

博物館和名勝的分別大概是，博物館是人類組織起來的故事，而名勝則自己能介紹自己。名勝大概就是觀眾特別多的故事吧，可能曾經改變過歷史或見證了某些時代和當時的思想感情；可能跟當地甚至外地具影響力的人物有關，參觀時可令我們更認識這些人物；可能是活生生的空間、一直以來是當地人聚集活動之處；也許是獨一無二的人造設計或大自然奇景。聯合國教育、科學及文化組織於 1972 年訂下《世界遺產公約》，其後創立為遊客所津津樂道的世界遺產名錄，便有概括的評選準則。世上的名勝，當然並不只此名錄上的。你可否找找世界遺產評選準則，並以它們為基礎，再想想名勝有甚麼要素、類別和準則？

名勝既然自己說故事，而大部分故事都會隨着觀眾興趣而改變其流行度，那麼名勝的地位會改變嗎？有永恆的名勝嗎？有有機會被淘汰的名勝嗎？有有待發掘的名勝嗎？有潛在的名勝嗎？

藝術與文化

1500

天生需要藝術

人類為何需要藝術？

最簡單的答案是，藝術為我們提供了抽象的玩耍和想像空間，為我們生活作調劑。即使在最窮的地方、生活壓力最大的地方，人類都會找方法去做一些跟工作沒關係的東西來自娛，而這些自娛，久而久之便積累成為不同的藝術領域和類別。（你想想農民一邊插秧、一邊唱的歌謠，或者原始人狩獵後圍在火邊自發跳的舞蹈。考古學家在世界不同的角落也找到了人類史前的山洞刻畫：刻畫也許有實際的表意作用，但刻畫的複雜性說明，刻畫不只是符號表意這般簡單。）與此同時，人類對美和想像有與生俱來的追求。你隨便到一所古代歷史博物館參觀，都不難見到數千年前的玩具（如陶製的動物像）、工藝品（如鑄刻十分精美的青銅器）和樂器（即使是簡陋的敲擊樂器）。青銅容器也許有實際的作用（例如用來盛載祭祀用的貢品），但表面的裝飾遠遠超過了實用需要。

藝術這個詞語，本身便已經可圈可點。德國人對事物甚至學術的分野，非常簡單：跟大自然有關的，是 natürlich（大自然的），由人類創作的，則是 künstlich（人工的），而字根就是 Kunst，即是藝術。因此藝術就有「人工創作」的意思。

那麼可以說「勤有功、戲無益」，藝術無用，是社會可有可無的奢侈品嗎？於歐洲，不少新官上任後便大幅削減藝術開支，寧願把省下來的錢花在「較實用」的項目，如醫療和房

屋等，往往導致藝術家的激烈抗議。每次削減開支的情況都不同，很難說誰一定對、誰一定錯，但說藝術是沒實際用處的奢侈品，一定是個很不合理和很短視的說法。即使是物資短缺的戰時，不同國家也常有慰勞軍人的藝術表演，激勵士氣。我們穿衣服，最基本的要求是保暖，顏色與花紋大多都沒有甚麼「實際的用處」，而作裝飾的鈕扣更是多餘，但衣服顏色和花紋的一個「軟性功用」便是作記認，加上如果我們看起來醒目點、穿起來舒服點的話，我們工作也更俐落。同樣道理，藝術帶給我們的想像空間，除了可令我們放鬆，更可向我們提問社會中有甚麼議題值得注意玩味，教我們審視和反思，令社會進步。沒有藝術，我們便會淪為行屍走肉的機器部件了。

抽離現實的思考

人類為萬物之靈，跟其他動物最大的分別是能夠作出抽象的假想。螞蟻覓食，也許既有複雜的偵察方法、也有精密的物流方法，但牠們的活動模式，都只限於在既定的活動環境作直接的行為反應：在環境偵察到食物→搬回巢。牠們並沒有能力去假設，世界上另一邊可能會找到一個糖倉，裏面食物

足夠牠們吃一世的了，牠們若能發明去那兒的方法，便可以一勞永逸。牠們也當然沒法想像，如何製造出對牠們身體最有益的合成食物。換言之，牠們並不能抽離現實環境去思考、去計劃未來的行動。人類卻有無比的想像力，而人類想像力的最佳藝術表徵莫過於戲劇與文學。戲劇與文學一方面往往道出人生的大道理，另一方面，即使是最寫實的作品、以真人真事取材的作品，情節內容往往有虛構的成分（我們在第七小時，便已說過報告無可避免的片面性了）。世界不同的地方，有着不同的文學傳統和風格，因為想像力也是時代和地方的產物，而語言（見第四小時）當然也有很大的影響。找一部世界文學入門，學學不同文化孕育出來的不同文學種類，非常有意思，但這活動我不教你你也懂。反而我想你好好想想，不同地方的文學，風格、題材和格式會有甚麼共通和不共通的地方。為甚麼？舉詩歌作例子，不論語言結構、思想內容，朗讀起來，也會有內在的音樂美、節奏美：或是富歌唱性，或是鏗鏘有聲、慷慨激昂。我完全不懂波蘭語，但我也能感受到這幅圖中詩句的內在美：

Milsza mi stepu przestrzeń niezmierzona:
Step mi ojczyzną, nie oddam go za nic.
Jak orzeł z gniazda, serce rwie się z łona,
Patrząc w widnokrąg - bez brzegu, bez granic.

But the broad, flat plains, extended in the distance,
Wide in their expanse, and level as the ocean;
When on these I look, like an enfranchised eagle,
All my soul is moved with magical emotion.

Sándor Petőfi (1823-1849)
Równina węgierska / Hungarian plains
tłum. Julian Wołoszynowski
trans. John Bowring

匈牙利詩人裴多菲（Sándor Petőfi）的一首
之波蘭文（及英文）翻譯。2016年12月
於波蘭克拉科夫國家藝術館（Muze
Narodowe w Krakowie）的一個匈牙利藝
特備展覽。

活動一 他國的藝術

想一想，你又認識甚麼國家的文學作品？中華文化對文學特別有追求；詩詞歌賦、駢文、對聯、白話散文、章回小説等，都背着中華民族的靈魂。為何中華文化於其悠長的歷史上那麼重視文學，而相比之下，一些古老大國的文學傳統，卻沒有我們的那麼豐富？相反，我們的甚麼藝術類別不如其他文化蓬勃？你又覺得原因是甚麼？

藝術類別的高下

我舉一個我自己比較熟悉的例子：音樂。現在「古典音樂」
（實為西洋古典音樂）在中國好像越來越流行，學習洋樂器的
中國孩子越來越多。西方古典音樂真的是最先進、最優秀的
音樂嗎？此外，大家一想起「古典音樂」，大概都會想到所謂
「三B」（巴赫Bach、貝多芬Beethoven和布拉姆斯Brahms）和
莫扎特（Mozart）等德國和奧地利作曲家，並覺得大部分「最
頂尖的古典音樂器樂和管弦樂作曲家」（一問：「最頂尖」是
甚麼意思？）都出自這兩個國家（但其實巴赫和貝多芬在生
時，德國尚未立國！），而一些同屬西歐的國家如瑞士和荷
蘭，卻從來沒有出產過「世界級」作曲家。為甚麼？

古典音樂的發展其實跟西方科學和科技的演變、以及社會結
構相輔相成。西方自文藝復興起對大自然的探索有很大的進
展，而樂理（樂聲背後的科學）則自然成為一門物理科議題。
所謂德奧作曲家，也許最充分掌握了樂理進展，於曲式上作
出了不少突破，又有皇爵權貴的支持作為基礎，建立出音樂
傳統出來；若然從這個角度來看的話，古典音樂可以說是最
進步、最廣闊的音樂體系，又以德奧作曲家作佼佼者（歌劇

譬如推動「全面藝術」
（Gesamtkunstwerk）、把
包括文學、音樂和戲劇
等不同藝術類別融合在
自己歌劇作品中的德國
作曲家華格納，要不是
得到德國南部巴伐利亞
的皇帝路德維希二世（別
稱「瘋君路德維希」）
的賞識和經濟支助，就
不會有機會建他那所
傳奇的、到現在還被歌
劇迷奉為聖地的拜萊
特節慶劇院（Bayreuther
Festspielhaus），上演他
不同的作品。

則包括意大利）。中國呢？漢語是聲調語言，即同一個音如果以不同的聲調去讀，代表的會是另一個字，如「媽」跟「馬」字同出一音，不同聲調，意思可差得多。聲音跟文字的關係很密切（想想詩經、樂府和楚辭，都是我們的遠祖把音樂與文字結合而成的藝術瑰寶），也許如此，我們便沒有專注研究純粹的樂聲，也沒有建立起一套抽象、跟文字沒有關聯的強大的獨立音樂系統。中國人的音樂，有許多在戲曲裏面。可是，戲曲裏的音樂與文字有着不可分割的關係，外國人要欣賞戲曲，必須先懂中文；此外，中國不同地方的戲曲，用上很不同的方言腔調，很多中國人自己尚且不能全聽懂，外國人便更不能入其門了！中國戲曲於世界上並不是一種流行的藝術，原因也是如此。

那是否代表藝術就完全沒有高低之分了？藝術之高低，也許在於複雜性、精緻度和精神意境。藝術的普及性，都不一定能把這些元素反映出來啊！

篇幅所限，我不討論不同國家有甚麼不同代表性藝術類別了。你能花點心思想想這題目嗎？就隨意挑一些國家想想吧。為何這些國家出產了某種藝術類別呢？

很多人說藝術背後的動力是創意（Creativity），現在不少地方更希望通過成立創意基金等促進創意、「提升社會競爭力」等。但甚麼是創意？

創意是甚麼？

我在香港教授「創意心理學」多年，一開始點題討論「創意」和「創作」這兩個概念時，都會問學生以下三條問題。現在來問一問你。你回答時不需反覆思量，想到的便直接記下好了。請你順序回答，答完一題才答下一題，並不要再理會答過的問題。

"Creativity"這個字本身已經非常可圈可點；除了「創意」之外，「創作力」和「創造性」也是可行的翻譯，看語境情況。這些不同的翻譯，又跟藝術有甚麼關聯？續看正文！

這組思考問題其實變化多端。第二題你可以把「來自中國的創作者」改為「非西方的創作者」；而你也可以把「創作者」換成任何你有興趣研究的概念。剛才的活動叫你想想中外的不同藝術類別，是如出一轍。

1

想一想 西方最偉大創作者的名字，並把它們寫下，越多越好；

2

想一想 來自中國最偉大創作者的名字，並把它
們寫下，越多越好；

3

分析一下你上兩條題目的答案，包括把名字歸類。他們是甚麼年代的人？從事哪方面的創作？之後對比兩組答案的分析，說説有甚麼差別，再想想差別出於甚麼原因。

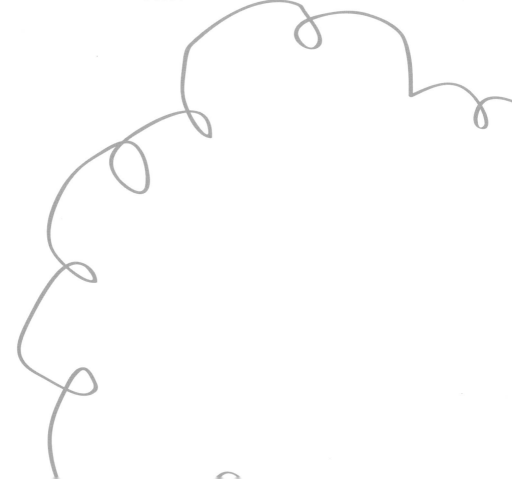

我歷年的學生——不論是中學還是大學生——的答案都大同小異。說到西方的創作者，他們都會口若懸河，說出許多不同的名字：意大利中世紀的通才、發明家、科學家兼藝術家達文西 (Leonardo da Vinci)；自割耳朵的荷蘭畫家梵高 (Vincent van Gogh)；英國大文豪莎士比亞 (William Shakespeare)；音樂神童、於84年的獲獎電影《莫札特傳》中被塑造成一個放任不羈、隨意傻笑的莫札特 (Wolfgang Amadeus Mozart)；把手提電話跟隨身音樂播放器和相機合成為智能手機、改變了現代人的通訊方式的喬布斯；創造出相對論的愛因斯坦 (Albert Einstein)；設計畢爾包古根漢博物館 (Guggenheim Museum Bilbao) 的建築家基利 (Frank Gehry)；動畫電影先驅、其創作的「人物」米奇老鼠至今仍廣受小孩歡迎的禾路·迪士尼 (Walt Disney) 等等等等，各方面的創作領域都有代表。來自中國的呢？常見的答案只有兩類：一是作家，如李白、杜甫、蘇東坡；二是當代的流行歌手。兩組答案相比，好像中國人的創作領域狹窄得多。

中國人創意真的比外國人少嗎？我沒興趣直接回答這條問題，反而想藉此與你探索一下這條問題背後有甚麼問題。為何西方的創作者創作範疇全面，而中國人卻只集中於文學？

如果你的答案跟下列的很不一樣，那便更有意思！

原因很簡單：創意這概念本身就是西方文化的思想產物；以其作為本位標準來衡量其他文化，當然會有所偏頗。「創意」這概念，在李白、杜甫的時代不見得在中國人社會存在；我們覺得他們有創意，是我們用現代對「創意」這概念的了解作標準來量度他們的。

我們這兒撇開科學創意不談，集中説説藝術創意。西方大部分藝術類別十分強調個人原創性，譬如繪畫，很快便見到一個新學派、新風格。然而並不是所有地方的藝術創作都強調個人突破，又或者藝術的個人創造性並不如西方藝術般明顯。一個明顯的例子是書法：於伊斯蘭文化，很少見到如繪畫、攝影等直接的圖像表達 (譬如人像或動物像等便十分少見)。可是，人物動物還是可能用藝術方法表達出來的：就是用書法、用文字把圖像的形狀堆砌出來。換句話説，就是以形態複雜的書法造型來表達圖像。這種藝術方法表式，當然也需要個人創造性，但很難造就一些代表性藝術家。另外有一些藝術，如我國的木雕和金石等，既講求創意，同時亦對工匠手藝有很高的要求。此外，不一定要表演給觀眾看的聽的才算藝術；例如古人彈古琴古箏，便是旨在修心養性。有些文化比較外向，有些文化則比較內斂，也會在藝術裏反映出來。

偉大創作者這想法，也跟西方的「天才」概念有關。此概念源自古希臘，但到了西方十九世紀浪漫時期最為流行：天才就是特別有才華、其天賦解釋不了的人，而很多也患有精神病。

用阿拉伯文書法堆砌出來的一頭鶴。2009年攝於摩洛哥 Meknes 市。

「不懂欣賞的藝術」

我很喜歡各種各類的藝術,並不時邀請朋友跟我一起欣賞藝術演出和展覽,也盡量接觸之前未見過的東西。我的朋友偶爾會拒絕我,說他們「不懂欣賞」該種藝術,或者初次接觸便直覺上覺得沒意思。這教我想,怎樣才算懂得欣賞一門藝術,尤其是來自陌生文化的藝術?

一門藝術之所以能成為藝術,必定有它的一套結構體系。「不懂欣賞」的意思,大概就是看不通該門藝術的要素。我們想一想,習書法的人尚且要持之以恆練字才能寫出成績,一位不諳中文的外國人初見書法,除了驚嘆他們不懂的漢字書法作品很美之外,哪裏能捕捉到中國書法的精要之處?基本如筆畫的次序也未必能看得出。同樣道理,你要我明白一些以我不懂的語言作基礎的藝術領域,我也會覺得一籌莫展。你看了本書那麼久,應該已經很清楚我非常鼓勵「由零開始」去思考問題和學習新事物;原因是我們對大部分東西都有日常生活經驗作背景資料的基礎。但完全陌生的事物,例如不少藝術領域,卻必須用上一些先前引導。即使是跟文字無關的藝術類別如舞蹈和音樂(指器樂而非聲樂),有機會觀賞的

上述的波蘭語例子不算,因為波蘭語是拼音語言,所以我能掌握到一點點東西,包括韻律。

話，必須養成備課習慣，找相關資料看看，了解一下甚麼才是該項藝術類別的傑作。

文化與藝術

如果說藝術是我們現實生活中的抽象和想像，現實生活的一切，加上藝術，便是文化。文化可不是以我們於第十三小時說的節日、習俗和生活習慣等現實生活裏的東西作骨幹？而上小時所討論的博物館，所展示的可不是現實生活中的精髓和掠影嗎？名勝又可不是現實生活中的一些標誌點嗎？（博物館和名勝，大都由一個地方的文化部負責，不是嗎？）閱畢這三小時，你對文化這概念有沒有不同的體會和了解？如果你要通過演藝去介紹你的文化，你會做甚麼？我們就以以下活動作結吧。

活動二 策劃表演

假設你要構思一幕只長五分鐘，給來自世界各地跟你年紀相若的朋友看的、一場能代表你家鄉文化的表演，你會選擇演出甚麼？是戲劇、舞蹈、詩歌朗誦、音樂表演，還是甚麼？你有甚麼考慮？

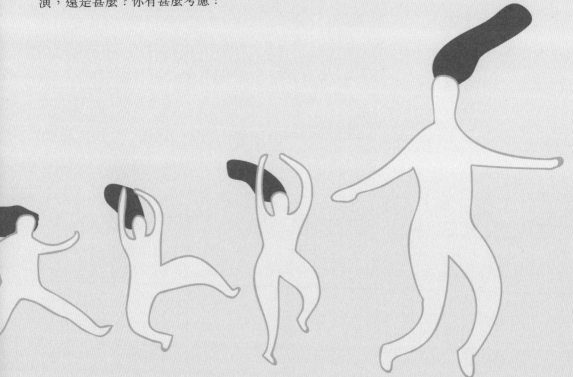

1600

旅遊與時空

時光倒流去旅行

《八十日環遊世界》這故事，講述一位英國紳士跟朋友們打賭，自己有能力在八十日內環繞地球一周。朋友覺得他瘋了，都毫不猶豫立即跟他下賭；於是他便立即攜傭人出發，絞盡腦汁完成任務。途中克服了無數障礙，跟傭人失散了一段時間，也因為要仗義救人而險些兒客死異鄉。

故事出版不久，立即成為一部經典文學作品。為何是一部經典？作者韋爾尼 (Jules Verne) 的文筆當然生動有趣，故事情節峰迴路轉，亦深刻勾畫出主人翁不屈不撓的探險精神。但也許最重要的是，該故事於1873年出版，對當時的歐洲人而言，環遊世界是一個無比新鮮的意念。我們對新奇的事物、尤其是遠方的、罕見的東西都有一種自然的嚮往：那時去旅行比現在實在困難得多了，航程既長又昂貴，沒多少人能夠遠行見識。而關於外地的描述和記載，一則有限，二則往往局限於作者記錄的主觀觀感而流於偏頗。舉個個人例子：我首次到外地旅行，只帶了三筒每筒只能拍三十六張相片的彩色菲林 (膠卷)；換而言之，只能在十多天的旅程中拍攝十百零八張相片！因此每張相片的選景選材都要深思熟

慮，擔心拍了這景之後，之後會沒有足夠膠卷拍攝其他更加
重要、有意思的景象。

韋爾尼家鄉法國南特（Nantes）以《八十日環遊
世界》為設計主題的「遊覽大笨象」。Waterced
攝，取自 Wikimedia Commons

重讀《八十日環遊世界》

你閱讀本書，也許是因為其題目跟《八十日環遊世界》這本經典相似，覺得好奇才拿來看。你大抵也讀過《八十日環遊世界》這部虛構的作品（如果你還沒有的話，去閱讀它便應是你的第一個活動！），故事主人翁要在八十日內由倫敦出發環遊世界，計劃好的路線為：

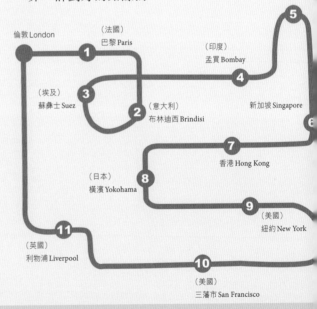

回想第七小時，其中一個活動是閱讀旅遊報告。如《八十日環遊世界》般，以作者一些個人經歷為靈感的虛構故事，其實也很有意思！

Bombay（孟買）和 Calcutta（加爾各答）是英殖民時代採用的名稱，現在已分別「正名」為 Mumbai 和 Kolkata。

實際行程當然因事而有變動之處，也有驚險的延誤等等，但主人翁總算大概以上述「最短的」路線在八十日之內跑完地球一周。你可以想想下列問題：

◆ 環遊世界的「最短路線」，為甚麼經過上述的城市？為何上述路線是最短的環遊世界路線？上述路線沿途各站，有不少是英國的殖民地。那時的英國當然是世上極鼎盛的殖民帝國，世界交通網絡先進廣闊，但其他殖民國家，包括作者的國家法國，難道沒有可幫助故事主人翁環遊世界的航線嗎？（也許作者是故意不談自己國家的！）

◆ 如果你是主人翁，而你有的是一百六十日而不只是八十日，你會挑甚麼路線？你可以設計出兩條嗎？請不要立即上網搜集資料，看看當時的全球交通網是甚麼樣子，有甚麼其他的遠洋航線和長途火車等，而是嘗試推敲，額外的八十日可以「浪費」在甚麼新地方上。或者你又可以想想，根據《八十日環遊世界》的故事，多出的八十日可以用來改變路線中的哪數段，避免主人翁受到折騰？

前輩的話

現在交通發達，從倫敦出發環繞地球一周，不需坐私人飛機或專車，一個星期已經綽綽有餘，且不愁沒有不同的路線可供選擇；現在資訊也發達，海陸空交通工具的航班，班次和路線資訊都唾手可得，更可在有無線互聯網覆蓋的地方，隨時訂購車票、機票和住宿，不用誠惶誠恐策劃下一段路程。然而這些方便，都是建立於前人的經歷。例如旅遊書的流行，只是這數十年來的事情，從前出門遠行有如探險，面對無數的未知。不懂外文的話，根本不懂如何乘車；當地有甚麼特別危險的角落，也只得靠臨時機警應變。前人不想之後的遊客重蹈他們的覆轍，才會把他們的經驗寫下供參考，可同時卻多多少少縮窄了後來者的探索空間。例如當地人眼見外來遊客偏好這偏好那，便可能會嘗試去迎合而改變自己的根本生活習慣。

了解過去的旅行方式，就是了解人類對不同文化探索模式的演變，以及科技和文化交流的發展。數十年前，旅行跟現在又有甚麼不同呢？

活動二 訪問前輩

例如我有一位年長朋友，每次出門（哪怕到熟悉的地方！）都一定帶備小型電筒（哪怕他的智能手機也有照明功能！）。他向我解釋，小時候居住的地方很黑，令他從小就很害怕，於是養成了這個習慣，而有一次他碰到兒時的鄰居，竟發覺他這位前玩伴也有一模一樣的習慣！

找 幾位前輩的「旅行者」作訪問（如你父輩或祖父輩，可以是親人、你的師長等），以了解他們從前的旅遊經歷。以下是一些有意思的訪問議題：

♦ 他們首次出門的準備和期望是甚麼？

♦ 他們的交通、旅費、住宿等安排如何？有甚麼是即興安排的？為甚麼？

♦ 他們怎樣解決語言不通的問題？

♦ 他們有甚麼特別的經歷？例如驚喜與不愉快的經歷如被騙，又或者是建立起至今仍未斷的友情？

♦ 他們的旅遊模式，他們覺得有多少到現在還適用？為甚麼？（你同意他們的看法嗎？為甚麼？）

♦ 他們覺得那時的旅遊點跟現時的相比，最主要有甚麼不同？為甚麼？

你前輩的親身經歷，你大可以設法模擬，例如為自己設各式各樣的限制，外遊時限制自己的上網時間至三分鐘（只夠發兩個電郵和瀏覽三個網站），或者心裏把火車時間表從四分鐘一班化為每小時一班，又或者把較新建的地鐵路線當作不存在等等。但歷史發展往往是一個有機的、整體性的過程，而不是片面的；即使應用上述限制，你也感受不了當時的情形和氛圍，倚賴的只是想像與假設。前輩所描述的，哪怕是片面的描述，卻都是有血有肉的感受和跟當時情景的互動。

第七小時談到的主觀印象，也可以隨着時間而改變。1995年，還是十多歲的我第一次到德國，在東部的德累斯頓坐火車至柏林。德國人以辦事嚴謹、事事準時見稱，而我坐的火車只遲到了兩分鐘，萬料不到火車一開動，車長便立即作廣播，歡迎新上車的乘客，並對列車遲到了兩分鐘深表歉意——但原因是由鄰國捷克首都布拉格開出的火車境內延誤，與德國鐵路無關！二十一年後，我坐火車從柏林到德累斯頓，火車竟然遲了兩個多小時，德國人舉世聞名的準時蕩然無存。

德國鐵路公司最近發給我的火車延誤賠償信。（2018年1月）

活動三

歲月留人不？

想想一個對外地的描述——不管是紀錄片、文藝故事，還是照像——其中有多少內容，二三十年後也適用或仍找得到？《十八小時環遊世界》的故事，也許隨着交通工具的急速發展，很快便過時了（而故事也不針對描述某些地方），但譬如由王家衛所拍的香港電影《重慶森林》（Chungking Express；於1994年首映），對香港尖沙咀重慶大廈的描述，仍適用於現在的重慶大廈嗎？愛爾蘭文豪喬伊斯（James Joyce）一百年前於《都柏林人》（Dubliners）的描述，有多少也描述了現代的都柏林人？這個活動可並不容易，「正確答案」也不容易推想出來，但推敲想像一個異地隨着時間有何改變，不也很有意思嗎？

此外，剛才也說過，從前拍照遠遠不及現在容易，而我們觀看相片時，態度也認真多了。試想，你在電腦和智能手機收藏了多少幀相片，而有多少張你會翻看、且是用心翻看，而不是一秒看三張的？從前我們卻很用心看相片！你想想，在這般條件下，我們對外地的理解如何不一樣？會不會從前的相片，取景都不外乎是一小撮的地標？我們對外地的想像如何因此而不一樣？你覺得這條問題不容易回答的話，大可嘗試請親朋為你找一個陌生地的舊相片（如第六小時的活動般），之後以不短於兩分鐘一張的速度去看它們——並且反覆看——看看你得到一個甚麼印象。

二手攤尋寶去

於第十一小時，我向你建議過到你家附近的外國商店尋尋寶、看看有甚麼有意思的外國貨。現在我則建議你找找家附近的舊貨攤尋寶。在歐洲，舊貨攤隨處都是，販賣着大大小小、豐儉由人、充滿故事的物品，而甚麼貨物流落到舊貨攤也非常有趣、可以細訴一個地方的歷史：例如阿根廷首都布宜諾斯艾利斯便有販賣歐洲文學著作的二戰前版本的舊書店，提醒了我們，阿根廷在十九世紀末、二十世紀初是歐洲人一個非常流行的移民國家，其中不只包括發明了探戈舞的歐洲窮移民，也包括了逃避二戰的知識分子。

於二手店，你會找到很多有意思的東西。我 2018 年在尼泊爾第二大城市博卡拉（Pokhara）的這所二手書店，找到了這本十五年前的中國鐵路時間表；這所書店也有大量的外文書籍，證明此城長期是國際遊客的遊覽勝地。

活動四

於二手市場尋寶

我寫這部書的時候，便特意找來了一本於1987年出版的巴黎導賞書；封面標榜着「內含一百一十七張彩色相片」。該書為：

Giovanna Magi, *A Complete Guide for Visiting Paris with 117 Colour Photographs. Map of the City and Métro*, 4th Edition (Florence, Italy: Bonechi Publishers, 1987).

家附近有二手書店或二手市場的話，找找一些關於外地的舊東西來研究一下。例如三四十年前的旅遊書：它們介紹外地時的觀點與角度，跟現時的有甚麼不同？內容有甚麼不同？為甚麼？（我的感覺是，這些旅遊書的閱讀對象都是首次遊覽該地的讀者；因為那時還沒有互聯網，所以精美的圖片很多，目的是在讀者出遊之前，令他們對目的地產生一個重要印象。）若找到舊明信片、駕駛執照等，能觸及之前眾小時的主題的話則當然更佳（明信片和駕駛執照，不是分別跟第七小時和第五小時有關嗎？）

時間本位與節奏

我們談過系統和結構，知道不同地區依賴不同的系統及制度，包括曆法和度量衡。我們對採用的標準，大都習以為常，一時間不會想到，其他的地方會採用不同的標準。例如在美國，溫度以華氏計；在很多不同的國家，溫度則以攝氏計。在香港，一斤十六兩；在中國大陸，一斤只十兩。我希望你去想的，卻是時間線的問題：在一些博物館（尤其是歷史博物館）裏，你不時會找到並排的年序表，如貝多芬去世的年份公元1827年，便是中國清朝的道光七年。當歐洲的音樂藝術發展得蓬勃時（也許是你在音樂教科書中讀到的），在遠方的中國又在發生甚麼事情？為何沒有音樂上的突破？此外，每一個地方都有自己獨有的演變節奏，即使是最「與世隔絕」、遠在深山的村莊，也會因人口的變動、環境的變遷而產生細微的變化。人類產生文化，是他們不斷在大自然環境想辦法解決問題、令生活好過一點的結果。有一些地方，短期內的變化可謂翻天覆地；毗鄰香港、數十年前還是人口稀疏的農地的深圳便是一個好例子。有一些地方卻數百年不變。如第九小時所問，甚麼叫發展得「太」快，甚麼則叫發展得「太」慢？甚麼條件影響一個地方的演變節奏？都值得去想！

向前看

我們既在本小時以「顧後」開始，也許就應以「瞻前」作結。「國際化」這近二三十年的現象和趨勢，產生了不少問題，也帶來了不少方便。現在國家與國家之間，經濟活動越來越互相依賴，文化越來越趨一體化，傳統文化受到威脅（聯合國教育、科學及文化組織眼見及此，便推出「非物質文化遺產」這個概念來令「非主流」文化活動得以延續）。少數民族的語言數目急劇消失，而英語的「世界通用語言」地位越來越鞏固。急劇的城鎮化、促進經濟增長的消費主義令大自然破壞越來越嚴重。互聯網和其他通訊科技急速發展，說不定數年後我們足不出戶，也可以通過虛擬世界科技、極像真地環遊世界。

也許二十年後，社會的變遷令本書的一些議題變得無甚意思。（儘管我還是相信，本書談及的議題都是比較基礎和恆久的！）你猜猜，二十年後的旅遊將會如何？交通工具發展會如何？急速的電子化——現在連七八十歲老人家也學會用智能手機上網找資料了——如何影響我們的喜好和生活習慣？旅遊的意義又會變得如何？資訊流通下，地球上不同的人會否對其他的地方都已瞭如指掌，旅遊不再有意思？旅遊

業本身又會如何繼續發展？這二十年來於華語區，越來越流行學習外文；世界上以英文為第二語言的人亦越來越多，而能說多種外語的更大有人在。這股「國際交流主義」，也許是一個年代的產物和願景，是對從前國與國、文化與文化之間存在着誤解和衝突的反應。這個主義又會如何隨着世事的變化而改變？或者二十年後的世界已變得更「大同」，各地的文化差異比現在為少，再不需有國際主義，又或者文化差異的本質跟現在的很不一樣。又也許在太空旅遊的時代下，國與國、文化與文化的差異已經變得沒那麼重要。世事變幻莫測，但地球是你和我的，比我年輕得多的你，才是地球未來的主人；你有責任去令它變成一個更好的地方。想想有甚麼東西可以做吧！

本書當然也是一個反應；是對現時充斥着表面的國際交流的反應。

1700

策劃行程

之前的十六小時，我們都做過一些足不出國也可向世界各地學習的活動。我們在餘下的兩小時，就討論一下出門的事兒吧。

翻閱旅遊書和旅遊雜誌，都看到不少「建議行程」之類的文章，教你「遊玩方法」、分享省錢心得和介紹熱門景點等。這些資料，大多有根有據：畢竟它們的作者下筆之前，一定有做過相當的資料搜集。但若果我們能花點想像力，自己設計自己的行程，也許會更有意思，而你也會學到更多的東西。有甚麼關於目的地的問題，你特別希望得到答案？

出門前的功課

現在如第一小時般，我們在出行之前，來一次「回家去」：目的是要你學懂作自己旅遊的主人！

活動一 介紹家鄉

你也可以把「家鄉」換成「省份」、「國家」和「地區」。

我們給客人作嚮導時，往往需要考慮他們的興趣、體力和背景知識等。現在我這條問題把這些考慮都放開，你自由自在設計好了！

假設我們是新相識、年紀相若的朋友。遺憾我一直對你家鄉沒有半點認識，但現在剛好有機會到你的家鄉遊玩三天，希望好好認識你家鄉。我亦精力充沛，上山下水十多個小時也可以的，且記性好、思路快，不怕辛苦，只怕學不到有意思的東西。你會為我安排一個怎樣的三天行程？

我正在中國杭州寫作本小時，所以就用杭州作例子好了。安排行程就如設計博物館展覽一樣，為旅客來訪者鋪排組織一條故事線。這條故事線如果能引發旅客作進一步的思考和探索，當然更有意思。杭州最著名的景點，一定是千多年來啟發無數文人雅士、被列入世界文化遺產的西湖。除了東邊之外，西湖都被群山擁抱着，而環湖則既有雷鋒塔、錢王祠等建築，更有特別美的一些景點，稱為西湖十景。西湖之美，為中外遊客所嚮往；不少地方的湖景也抄襲杭州西湖，而西湖的優雅代表了杭州文化。那遊覽杭州，最好豈不是租一條艇、在廣闊的西湖中划划，盡覽西湖不同的景色？

我並不是杭州人，而執筆撰寫此小時時只到了杭州不到一星期，所以我的設計也許是半個遊客的設計！

要是我設計遊覽行程的話，大抵未必會乘艇觀光。乘船划艇觀景也許很優哉游哉，但非常消耗時間；而旅遊最寶貴的是時間，尤其是日照時間。若果你到杭州旅遊的目的是去感受一下西湖的雅緻，則另當別論，但若果你希望更宏觀了解西湖歷年來對文人雅士的吸引力，則到西湖漂亮的一角走走，如典雅的庭院郭莊，或種滿美麗的荷花的麯院風荷，又到一高處如寶石山或鳳凰山等鳥瞰一下西湖，那便更有意思；寶石山或鳳凰山本身有很重要的歷史意義，亦跟西湖分不開。到西湖一角近距離走走，則是要親身體驗它的美。你日間看得有興致的話，晚上不用請也會自己到西湖邊看看夜景！

不同角度看西湖

① 自杭州西湖北面寶石山上保俶塔旁俯瞰西湖。

② 杭州西湖郭莊一景

③ 西湖畔夜景。

④ 自西湖東南面吳山城隍閣遠觀西湖全景。王歡 攝

世界有名的名勝之所以存在，背後都有其歷史和社會條件；例如之前我們已經說過，成為巴黎地標的艾菲爾鐵塔，其實是為了1889年的巴黎世界博覽會而建的。只了解名勝的種種特點而對它的背景沒有充分了解，也就只是一知半解。你大可說出鐵塔的設計師是誰、興建了多久、用了多少噸鋼鐵興建等，但若了解鐵塔興建的背景，則可一併解釋上述的一切特點。

因此若我介紹杭州的話，也會說說有甚麼背景條件令杭州成為富庶的城市，得以建立及繼承豐厚的文化傳統。杭州是隋朝興建的京杭大運河的終點站，也可通過錢塘江出海，故自古便有當商城的條件（杭州的杭便有通航的意思。），所以大運河這水利工程促進了杭州的繁榮。如果我要帶朋友乘船的話，會到大運河而不是西湖。而杭州又以生產絲綢（絲綢是一種深受外國人歡迎的寶貴中國出口品）見稱，是古絲綢之路的重要一站。我會帶朋友到晚清絲綢商人胡雪巖的故居（也在西湖邊），以這位商賈傳奇的一生作故事軸，一方面說說近代中國經濟和社會歷史，另一方面則說說典型中國家庭和社會的人情冷暖（你不認識他的故事的話，找來看看）。胡雪巖也創辦了一項公益事業，就是全中國最具代表性的中醫館之一胡慶餘堂，我也會帶朋友來，趁機介紹中醫藥傳統。

京杭大運河之杭州段

用心去領悟

策劃為外地朋友而設的家鄉遊，跟策劃外遊行程有何關係？如果你是杭州人，自少便熟悉本地的掌故和歷史背景，設計出比上述更「古怪偏僻」的行程便易如反掌。要策劃出一個有意思的外遊行程，當然需要好好搜集資料，現在絕大部分人（遺憾有時亦包括我）出門，要不是在出發之前一兩天臨急抱佛腳看資料，就是只在機場書店買旅遊指南在機上看。這般「即食」的外遊方法，怎能深度學到東西？即使到了名勝跟前，也不能留意到最值得觀賞的地方（景點出租的語音導賞器或提供的導遊服務，不少時候並不一定是最能令你學到東西的導賞！），更極端的是，如果連實際的資訊都不知道，如博物館開放時間和每一個景點大概需要多少時間參觀才足夠，豈不隨時會白走一趟？

我從前有一個很壞的旅遊習慣，就是覺得自己精力充沛，非把遊覽項目排得滿滿的不可。雖然走路十多個小時也不會覺得累，但卻沒有時間和空間歇息反思、吸收領悟。因此我現在旅遊時，會盡量把三分之一時間留作閱讀，只花最多三分之二時間作遊覽。有甚麼好閱讀和反思？大概是我們在這十八小時中提到的不同主題，以及歷史、地理和社會結構資料等！

實在的取捨

旅遊另一個常見的毛病,是貪心地想把一個地方的景點都看過才罷休。沒規劃的觀賞極其量只是資料搜集。不要太在乎別人說甚麼「一定要去」的地方:你才是行程的主人,如果你出門之前已經作好準備的話,你的「知情」選擇才是真正一定要去的地方,追隨你的興趣和尋找你自己的故事線吧。我在倫敦住了三年,之後亦到過倫敦很多次,但仍從來沒有遊覽過倫敦世界聞名的地標、常常被誤為英國童謠《倫敦鐵橋垮下來》(*London Bridge is Falling Down*) 中倫敦橋 (London Bridge) 的倫敦塔橋 (Tower Bridge)。

安排行程的時候,你會找一些特別能說明該地時空變遷的景點嗎?有甚麼景點、名勝、展覽等,「二手參觀」(即是第七小時說過的只通過書籍、電影等的描述和介紹) 跟觀看真跡,有着極大的差別?旅行的目的,有時也可以是旅途本身:我常常喜歡搭乘長途交通工具,例如跨北美洲、跨澳洲的鐵路與西伯利亞鐵路,又或者是第十小時提及過的南美長途大巴。(有一次甚至途中碰見過槍擊事件!) 我沿途看到的事物便已經是一系列的景點。你希望對新地方有甚麼程度的認識?在南美遊覽三週,跟只在玻利維亞旅居兩星期當然很不一樣。

此外，旅行所費不菲、機會也難得，所以我們出門時，都希望得到「最好的」：最好的天氣，日照最長，最有氣氛的節日等。但有甚麼東西，在更少人流的「非旺季」可能看得更暢快？受季節影響看不到的東西又是甚麼？如果你想了解一個地方，你要知道當地人也並不只是在一年四季中「最好的時節」在當地居住；在「較差」的時節旅遊，可以看到那地方的另一精神面貌（但當然前提是你還有東西可看！）。況且在最好的時節，交通住宿等也往往最貴，小偷也可能最猖獗！

隨心的發掘

剛剛說過你可以從哪些方向在出發之前詳盡搜集資料、好好策劃行程，但資訊和發現空間永遠是一個反比：知道得越多，事情便更能預算掌握，但驚喜的空間卻少。所以你也可以故意留一些探索的空間給自己，只要你老是抱着觀察和思考的心態，隨意散心也可以是你旅遊的目的！十一年前我博士畢業，沒有出席自己的畢業典禮，反而把房間租了出去，並跑到現時（2018年）飽受戰火摧殘、無數古蹟和文物都受到不可挽回的破壞的敍利亞，因為我希望對我完全不認識的阿拉伯文化體系、以及這個當時已經被認為「危險」的國度有少許了解。我仔細讀過了旅遊指南和相關的地方資料，訂

在一些天氣較極端的地方，居民——尤其是靠旅遊業維生的居民——也許會在遊客全無的冬季，跑到較暖的地方居住。

敍利亞阿勒頗市著名的Umayyad清真寺；攝於2007年。清真寺於2013年敍利亞內戰期間受到廣泛破壞，宣禮塔也倒塌了。藉此圖紀念友善讓我拍照的三位小朋友。

了首晚酒店和機場接機，之後的行程卻甚麼也沒有安排，「聽天由命」(而事實上，那時候網上可以預訂到的東西也有限)。我卻很快便在路上認識到新朋友一起上路，也得到不少當地人的相助，收獲是一個畢生難忘的假期。

任何的地方都有大大小小的故事，於歷史比較深厚的地方，更可能是每五步便一個掌故。很多時候你會路過一些名人像、牆上嵌着紀念牌的建築物、或者有説明牌的名勝古蹟，你之前也許從來沒有聽聞過它們和相關的人物，不知道它們對該地的重要性，甚至乎乍看覺得它們沒甚麼特別，該地政府對這些「一般的東西」未免太「小題大做」了。不要緊：都可以先用相機拍下，之後才尋找相關資料。該地重視它們，必定有其原因，而外地的資料介紹卻未必能交待，你也可以留意，參觀它們的又是否以當地人居多，研究一下它們對當地人的特別價值和意義。

活動二　想想如何環遊世界

我可以以自身的經驗告訴你，連續旅行一個月一般已經是非常費神的事情、要適應很多東西；三個月保持精力去玩，基本上是不可能！但安排遊覽一些國家時比較輕鬆，豈不是對那些國家「不公平」？

你跟四個年紀跟你差不多的朋友一起花三個月環遊世界，出發日期為兩個月後。這四個朋友中，一個跟你同性別、三個跟你不同性別。你們每人有相當於三張最便宜的環遊世界機票價格的旅費（查查環遊世界機票價格是多少！）；交通費當然已經包括在旅費內。（你們也可以想想，是否一定要每人購買一張環遊世界的機票，還是用其他更加便宜的交通工具！）朋友都要求你負責安排行程。你會計劃出怎樣的一個行程來？你（和你的朋友）對世界上哪些地方特別感興趣？你會安排多少時間參觀它們？交通怎麼安排？旅程的哪段安排會較為密集、哪段則較為放鬆？

各個目的地氣候又如何？你們每人只有二十公斤行李（不少航空公司的規定），需要裝備些甚麼？會不會因為所需行李太多，而放棄遊覽一些地方？有甚麼用品可以在旅途中購買，有些則非從家拿來不行？（可以是你慣用的隨身藥物、藥膏、隱形眼鏡藥水等瑣碎東西！）你會碰上各地的一些節日嗎？（節日

期間，當地的住宿價格有可能特別高！）打算到訪的國家，有甚麼文化禁忌，你又要如何作相應的安排？（如在一些國家，女性單獨出門會有危險，而即使天氣有多熱，女性也不可以穿比較暴露的衣服。）又有沒有風險（如大自然災害，或治安欠佳等），要如何處理這些風險？你們有沒有食物敏感？體質體力如何：能熬得住極端的天氣和環境嗎？（我第一次上高山，需要三天才能適應！）

有哪些地方，你希望花較長時間深入的了解，哪些則看過、得到了印象便可？你希望得到甚麼經驗與收穫？（例如我有時只聽一個城市的市集聲音去「感受」城市氣氛便滿足了。）有甚麼決定要出發之前作，有甚麼則可以邊遊邊作？例如你希望：

1. 了解嚴寒地區（如俄羅斯北部、北歐諸國北部或格陵蘭等）的人民如何適應當地的氣候過日子；

2. 考察現今科技（或任何一門你最感興趣的範疇，例如動漫！）發展最快、產業最蓬勃的地方，從中了解令該地成功的條件和原因；

3. 欣賞某一兩場在別處難以欣賞到的藝術演出；

4. 參觀世界上最重要的、某一特定範疇的博物館（或植物園、或動物園！）；

5. 看看某個國家邊境地區的居民如何生活；

6. 體驗一段長長的慢速鐵路旅程（如需時一週的跨西伯利亞鐵路、五天的跨澳洲鐵路和三天的跨加拿大或跨美國鐵路等）

你會如何把上列項目連起來，再以此作基礎增加旅程節目？你會發覺，策劃行程是門藝術，在大大小小、客觀與人為的限制中找出解決辦法，在包括衣食住行的眾多考慮中尋找平衡。策劃行程沒有絕對的答案，也極少有非去不可的地方：你年紀還輕，現在交通又那麼發達，之後再訪的機會多的是！此外，即使你在出發前如何用功做準備，細微得連不同的景點遊人較少的時段也考慮過，旅途也必定會有失諸交臂的地方；況且如上述，旅遊的一大樂趣來自歷奇！

現在便去計劃吧。你也大可跟朋友一起玩這個活動，一起策劃行程：說不定有朝一日真的能成行呢！

1800 聪明的出遊

人生路不熟

甚麼叫「人生路不熟」？就是到了一個陌生的地方，沒有任何
可以幫助你的朋友，而你對該地方的種種東西（就是我們一
直談的議題，包括系統結構、消費飲食、交通、習俗等）都
不認識。去陌生的地方旅行，你會聽到很多警告和忠告：例
如某地扒手猖獗、某某市集特別多狡獪的小販、某國人對來
自某國的人特別不友善、某地的衛生環境特別差等等。這些
警告忠告當然十分有用，會令你避免很多不必要的麻煩，但
這些警告忠告背後的問題，有甚麼類似的地方，而警告忠告
背後也有甚麼共通的道理？

活動一

出門思危

先幻想一下外遊某處時可能遇到的危險，可以是人多擠逼的地方、有山賊的鄉村、恐怖襲擊、騙子、交通意外等。活動當然不是讓你自己嚇自己，而是向你說明，很多時候我們外遊時都會異常興奮，把一些基本的安全意識都拋諸腦後。先退後一步學習如何機靈，你應該會玩得舒服些！

安全的大原則

一、財物

於第十六小時的活動，你一定已從你訪問過的前輩口中得知，以前旅遊的必須品遠不只這兩項；單是機票便已是不可亂丟的東西，補發既需時，又需手續費呢。

外遊時有甚麼東西必備？最基本的是證件與盤纏（不論現金、信用卡、旅行支票，還是手機付款程式！）；所以最令人討厭的一般外遊麻煩，一定是向你這兩樣東西起主意的小偷……

寫小偷指南！

第二小時向你説明過觀察的重要性，也提及過觀察對小偷的重要性。現在便當小偷去吧！在一個虛擬世界，你並沒有任何資格從事任何工作，一生只能靠當小偷維生（注意：是小偷，不是大賊）。請你想出一系列偷東西維生之良策：被抓的風險要低、偷來東西之價值要高。單獨偷東西的時候應該怎樣做？又需要甚麼工具？有同謀的時候又可以怎樣做？你可以為新入行的小偷寫一部簡短的行業指南嗎？

免責聲明：聰明的你當然知道上述活動的目的，並不是鼓勵你當小偷，而是訓練你知己知彼！

把你自己（或問你爸媽！）的錢包拿出來。假若你是小偷，偷來這麼一個錢包，除了現金外，還有甚麼東西有用？身分證明文件有用嗎？那要看文件在某一地方可用來作甚麼：例如駕駛執照能賣給大賊，供偷車時用嗎？其他文件又可以用來騙甚麼人？

優秀的小偷指南一定會指出，令對象難以防範，是增加下手成功機會的其中一個原則，所以小偷都擅於製造令對象難以防範的條件：哪怕是混亂（人多擠逼！），還是其他有助分散注意力、並拉長交流時間供下手的舉動（如弄髒你的衣服或故意問路和搭訕）。小偷指南除了教人趨吉，也會提出避凶的方法：覺察到自己有可能被抓（如警察追捕和途人聞呼叫聲後與自己糾纏），則走為上着。

常言道高一尺、魔高一丈，但為何我們不能反過來魔高一尺、道高一丈呢？盡量不要讓自己被小偷看上，設法盡量不要令小偷手冊「推薦」的那些情景條件出現！例如到了一個陌生的地方，還是最好低調、別惹人注目。2006年，我第一次到秘魯首都利馬，首晚便跟我的一位校友見面，請教他遊利馬的意見，其中當然包括安全問題。想不到他竟跟我說：「若然你不張開嘴巴的話，你看起來跟本地人並沒兩樣！」原因一方面是我有一個奇怪的習慣，就是儲下快要破掉的衣物，留待到經濟相對不發達的國家旅遊時才穿，既可掩飾身分，回程前又可以丟掉、省回行李空間；另一方面就是秘魯有相當大的亞洲裔人口，所以亞洲裔的我，在市內並非特別突出。

任何人如果跟你過度熱情，可不要顧禮貌，盡快一走了之。有當地人在附近，哪有向遊客問路的人？至於搭訕的人，他們跟你聊天，是純粹出於善意，還是另有目的？你會不會因為害怕被騙而冤枉了真心希望跟你交流或幫助你的人？如果你的財物並不顯露、很難拿走，又不需要同時兼顧多樣隨身物品（即左手挽着的手提電腦包，加上放在左邊褲袋的錢包和放在右邊褲袋的手機），那麼你自己也不需要具高度戒心或作多處防範了，對不？

從另一角度去想，在一些大眾印象中不安全的國家，當你走進它們的村落裏面，卻會發現村民是多麼的友善和樂於協助遊人，村子的治安也沒有甚麼需要擔心的。原因來得簡單：村子裏不常有值錢的東西偷，而當地人也對外來人特別留意，小偷難以掩飾！偷竊行為背後，都是利害關係。

二、其他人為麻煩

不偷則可以搶，但財不露眼便成了。偷與搶都是針對性的，只要你的錢，容易防範。還有甚麼針對性的麻煩？偏見、排外與歧視，是常見的麻煩，也分不同層次。一般的偏見與排

外，主要原因是自身生活方式受到威脅，如遊客在習慣安靜的小鎮吵鬧，旅遊車導致交通阻塞，買東西不方便等。你安守規矩、不騷擾別人、嘗試理解別人的生活模式，便是你可以做的最多了。一般而言，當別人感覺到你心懷尊重，並不會介意無心之過。如果對方帶歧視，嘗試在言語或溝通上欺負你的話，可不忘理直氣壯和保持尊嚴：尊重不等於退讓。然而若果對方不理性（如醉酒者），或者帶暴力傾向的話，可別糾纏。主動的挑釁是為了引起你的反應，悄悄遠離他們，覺得有危險時提高注意力，留意最近可在哪兒求助。

想想外地人最不習慣的本地行為會是甚麼？哪些外地人會最不習慣哪些行為？為甚麼？也反過來想想，你最不習慣外國人的哪些行為？又是為了甚麼？

人不理性時，會為旁人帶來危險，而人除了醉酒之外，還有甚麼時候不理性？就是情緒高漲。甚麼時候會情緒高漲？示威集會是其中一個場面。正如你的朋友激烈爭吵時，你也不會貿然走近，見到人群聚集時，要好奇觀看也最好保持距離。要確切知道發生何事，可請教面相和善的當地途人，也大可留意新聞報章。派對與節慶也當然不可忘形。

其他比較煩瑣的，是不懂當地規矩。有時在餐廳門口（或者點餐處點咖啡處）等了很久也沒有人來接待理睬你，原因並不出於歧視，只是規矩不對：於某些國家，上餐廳不需等待領位、直接找位置坐下便會有人過來服務你；於另外一些國家，一般規矩卻是先排隊等帶領！我第一次在意大利坐火車，不知道原來乘客上火車之前，車票一定要先在月臺的印時機蓋上入閘時間以作證明。開車不久，稽查員到我的車卡檢查車票，看過我的票還未蓋上入閘時間，便立即以英文說，我因沒蓋上時間而需要交罰款。我立即說，我手持的車票只適用於我乘坐的班次，而票上也這樣標明；我可沒有「坐霸王車」的可能性呀！她則回答說她十分抱歉，之前不少外國遊客也曾墮入同一「圈套」（我乘的列車，接駁由法國開出的跨境列車，故有不少外國人乘坐），但她沒有辦法，她國家鐵路局的規定一定要蓋章，雖然規矩很笨。這些趣事說明甚麼？第五小時所言，不同的地方都有不同的秩序、規矩、制度、方式，把思維放寬一點、不要以自己習慣的一套（即使看來最理所當然！）作為金科玉律！入鄉隨俗，「到了羅馬就如羅馬人一般生活」(When in Rome, do as the Romans do) 是英語人士的常用諺語。如果當地人過馬路十分不守規矩、不理交通燈號橫衝直撞的話，你站在馬路口等機會過馬路，待一整個小時也可能過不了。多觀察與模仿當地人行為吧！

三、大自然和健康之麻煩

不同的地方,有不同的自然危險;地震、海嘯、颱風、中暑等,你出門之前一定會做好針對性的功課,所以在此不贅了。只想說明一大原則:可並不要高估自己身體的適應能力。行為態度容易隨環境改變,體能卻不!(例如高山症的後果便可以很嚴重:於上述 2006 年秘魯遊,我於一程二十小時、從零海拔登上四千米海拔的巴士旅程之後雖累得要死,到了旅舍時卻竟笨得同意跟好客和興致勃勃的主人打乒乓球,以測試自己的體能!幸虧沒大礙。)用慣的藥,帶一些;喝慣燒過的水,燒過水才喝;新奇的食物,要衛生才好吃(我便曾在阿塞拜疆因為饞嘴,吃了路邊烤魚串而弄來了腸胃炎,腹瀉脫水三整天)。萬一有不適(如感冒等),無論當天行程如何精彩,切記忍痛放棄,下重藥休息,以免損失更大。

多聽少說、聰明獨立的旅遊者

你看過本書之後,便不再是一個只顧玩樂的遊客,你也會對各種議題作比較深刻的思考和理解。可是跟別人(也許是旅館其他的旅客和當地人等)交流時,不要以為別人的思考模式和背景知識會跟你的一樣,或對世界各地文化有同樣深刻

的理解。(我記得十八歲時,一位奧地利同學對我不知道 Marzipan 是甚麼而大感詫異,好像我昨天才開始在文明社會生活一樣!)不只多嘗試聆聽別人說甚麼,還要多嘗試明白別人說甚麼的背景。策劃行程以及理解和接觸新事物時,多看資訊性的資料;少理主觀感覺和評分。還有,不要忘記你的奇聞記事簿:例如是你那部可照相和留筆記的智能手機!看不慣的東西都拍下,待以後揣摩。(這本書的不少意念,便是我在到處旅遊時邊行邊在智能手機上記錄的!)可不要常常用手機找資料:手機資料常可翻閱,名勝古蹟博物館等,回家後便親身接觸不到了,何況你至今應已學會了聰明地思考觀察推敲!

生活習慣不一樣;外國朋友如極好客的話,可不要不好意思:從容赴約,留下聯絡方法,以後再報答。待人以誠,世界通行。遇到麻煩要金蟬脫殼,則不要怕裝傻、走為上着,反正你們再碰頭的機會很小。遇到別人的「不文明」,如醉酒鬧事、在靜音區談話、高談闊論、在行人路騎單車等,退後一步看看戲;閒着有多餘時間的話,便隨意在酒店或居所附近逛逛。聰明好奇的孩子,活着沒有一分鐘是浪費的!

你現在也不知道的話,便去查查吧。

我便有一次在南美一間餐廳跟一對新婚夫婦搭訕;答得投契,他們竟請我在旅程最後一天吃飯,並派車接我!

鐵路圖、場刊、票根、發票、報紙
這些外遊時輕易拿到的東西，可供
研究玩味的地方多的是。

免費的東西

第四小時裏說過，語言影響我們思維，而我們在第五小時也
討論過，不同的地方有不同的運作模式，所以我已經建議你
多找找外國的資料（第六小時）去研究一下。你出行時，一
定會碰到大大小小的免費物品，都是可供玩味的材料。乘飛
機或入住酒店時，不時有當地報紙雜誌可供免費取閱，我們
看新聞時，只看某些語言或某些國家的報導，便有偏頗的危
機（例如不少較小的報社，包括一些小國的大報社，便常常
購買路透社、美聯社、法新社等龐大新聞機構的報導，而不
直接採訪）。為何當地傳媒對這些新聞題材感興趣？為何報
紙上會有這類型的廣告？報章的發行量如何，價格又高不
高？印刷質量又如何？下次遇到外語報時，再也不要因看不
明白而不理它們，只要你肯花耐性，它們其實有很多你可以
學到的東西有待發掘呢。（我也特別喜歡看小鎮小村小社區
的報章雜誌；它們往往能告訴你，那是怎麼樣的一個地方。
哪怕是看尋找失蹤寵物啟示的語調！）

除了報章雜誌，還有甚麼免費的好東西可以拿回家研究？當
然多的是。你買東西拿發票，不要以為不能退稅便沒用而丟
掉；除了銷售稅額之餘，發票也可告訴你很多東西。發票的
編號如何定？發票的設計又如何？包含了甚麼資料，而甚麼

資料以較大的字體打出寫出？（不一定是金額！）發票背後
有政府的監管機構電話嗎？車票船票電影票表演票的背後，
又有甚麼條文條款？免費的當然還有遊客地圖。有不少遊客
地圖（即使是官方旅遊局派發的）都只顯示高消費遊客區的
資料，輔以不少商場、餐廳和旅遊景點的廣告，有些免費遊
客地圖則製作平實。你猜該地政府在該地旅遊業擔當怎麼樣
的角色？地圖上顯示的資料（包括「必看」的景點），有多少
跟你從其他途徑（如旅遊書或網上）看到的有出入？（甚至地
圖比例也可以有出入！）

你去參觀博物館和名勝，大多會拿到簡介小冊子，以及個別
展覽、展廳、甚至展品的說明單張；不少更擺放了相關博物
館的簡介供取閱。沒錢買博物館目錄、嫌目錄重或並非對所
有展品都有興趣的，何不拿這些單張自組目錄？任何博物館
目錄，一如博物館的展覽，都有其特定的故事線；自組目錄
的話（用透明檔案夾？釘在大筆記本上？你自己想！），更有
空間組織起自己感興趣的故事線，並加上自己的筆記和描
述！說到博物館的免費紀念品，不少博物館都容許遊人在不
用閃光燈的條件下拍照。雖然我會盡量安排足夠時間去遊博
物館以免走馬看花，但也會有不夠時間的時候，那時候我便
會拍下我特別感興趣的展品及還未看完的展品解說，回酒店
後有空再「補課」！

這類相片，以及外地各
種各樣有趣設計和意念
的相片，我一般都會留
在手機上不刪掉；於日
常生活的「瑣碎時間」（短
暫閒着，又不能做如看
書般高度專注力的事
時，像等人等車或搭乘
公共交通工具的時間）中
拿來看。說不定在不同
的時空接觸它們，對你
會有很不同的啟發！

活動三 便宜可貪

看看如何在你家附近免費獲得「國外經驗」吧！除了逛商店找帕來品和瀏覽國外的網上商店之外，你還有圖書館和舊市集等：這些都已說過了。而外國文化協會、領事館和大學各外文系舉辦的活動，你又有否留意呢？（這些機構都有舉辦文化活動的責任，也要交出成績來，所以你的參與，他們實在歡迎之至！）家附近有少數民族社團嗎？他們又有甚麼行為習慣呢？你也可玩玩電器用品的語言設定，或嘗試用不同的語文去學習同一科目的內容。都不用分文。

如果你想用「分文」的話，則何不嘗試學習我等古人，隨心寄信，找筆友去？你會如何選地址？比如你打算寄信到一所外地的學校，還是會寫信到一個住宅地址？你會如何介紹自己，又會如何令對方有興趣回你的信？如果你不懂選地之語言的話，你會找方法先翻譯好你的信，還是「保持秘密」，用中文去寫信，希望藉此吸引外地讀者？你也可以想想，在這年代還會願意寫信的人一定是有心人，你有甚麼方法去找到這些有心人？

說到這兒，又好像回到開首的數小時了。我可以跟你分享的
國際交流心得，當然還有很多，但最重要的都大概說過了。

好好探索
這個世界吧！

鳴　謝

既是環遊世界，也該感謝世界各地曾為本書帶來靈感的友人；其中有些更仔細為稿子提意見。如下：韋力魄（Wilfried Preibsch）、楊紀高（Georg Jahn）、Lukaš Prokop、山馬丁（Martin Monti）、Nele Klose、Julien Froger、Julie Daniel、Robert Hartwig、Rudy Hykl、約翰遜—萊爾德（P. N. Johnson-Laird）、李歐梵、金曉霞、高在峰、余喻、甘琦、楊若齊、王淑英、葉敏磊、關子尹、余少華、張智鈞、許如藝、麥敦平、黃蘊智、陳麗君、古鎮煌、黃穎、方富成、王犁、張歷君、郭詩詠、許清芳、葉虹、高振宇、范亭亭和陳彥玲。劉君諾在我蘋果拔蘭地利誘下，在杭州半夜給我的初稿提意見，而吳偉賢則以他一貫的輕描淡寫，在香港大埔一所酒吧裏指正了第十七小時一個非常嚴重的錯誤。更要感謝本書編輯彭騰：她正好明白浮遊於不同文化的我的奇怪思路，多處建議我採用較具體和「在地」的例子和活動。蔡婷婷之插圖配畫，不只是為本書生色，更是令本書立體了。也非常感謝林驍，在最沮喪的時候，她說服了我此書的價值。

引導我熱愛旅遊的，當然是我爸。97年，我們從羅馬乘飛機回香港，因為颱風而要轉飛澳門。降落後，我口沒遮攔地跟機上的意大利遊客說，我們這個啟德機場（香港舊機場）

可不是鬧着玩的，數年前臺灣的一架波音747飛機便在颱風下嘗試着陸，結果滑進了維多利亞港。當爸爸向我使眼色，着我不要亂說話、驚嚇外國人時，機長突然宣布，航機要在澳門待好一會兒，因為剛才降落時發現，飛機的煞停系統出了點問題！懷念那個科技沒那麼發達、資訊沒那麼流通的年代的出門。

這部談環遊世界的書，只在歐亞兩洲撰寫；寫作地包括德國柏林、杜塞爾多夫、萊比錫、漢堡、不萊梅，中國廣州、成都、杭州、香港、上海、北京，臺灣臺北、嘉義、臺南、高雄，捷克布拉格，瑞典斯德哥爾摩，法國南特、史特拉斯堡與波蘭克拉科夫。特別難忘的寫作地點則是杭州西湖郭莊、香港大埔和荃灣的住所、杭州的住所、柏林威麻斯多夫的住所、現在中國碩果僅存有「一人軟包」座的杭州至北京T32號列車以及臺灣的環島火車。當然還有無數的航班：寫作是對抗時差的一大良策（幸好現在電腦有「飛行模式」功能，不會像二十年前般干擾飛機通訊系統）。